부모의
관점을
디자인하라

부모의 관점을
디자인하라

1판 1쇄 2015년 3월 20일

지은이 이화자 **펴낸이** 정연금 **펴낸곳** 멘토르
책임편집 김미숙
기획 강지예, 조원선, 이동근 **교정교열** 심은정
마케팅 나길훈 **경영지원** 김용희
북디자인 想 company

등록 2004년 12월 30일 제302-2004-00081호
주소 서울시 광진구 능동로 331 2층
전화 02-706-0911 **팩스** 02-706-0913
홈페이지 www.yellowpub.co.kr

ISBN 978-89-6305-684-5 (03370)

부모의 관점을 디자인하라

이화자 지음

부모의 관점이 바뀌면
아이가 바뀐다

지난해 막내아들이 집에서 떨어진 대학에 입학하면서 세 아이 모두 부모의 둥지를 떠났다. 나는 두 딸을 낳은 후 7년 만에 늦둥이를 낳아서 내 양육 기간은 꽤나 길었다. 초기에는 가뜩이나 살림이나 아이 키우기에 젬병이어서 늘 버거워했기에 나는 아이들이 어서어서 크기만을 기도했다. '아이는 하나님이 주신 선물'이라는데 때로 그 선물을 귀하게 여기지 않고 오히려 귀찮게 느꼈던 적도 있었다. 왜였을까?

아무 준비 없이, 나는 첫 아이가 '으앙' 하고 이 세상에 첫울음을 터뜨리고 태어난 순간부터 그냥 '엄마'가 되었다. 그 '엄마'의 길은 마냥 행복하지만은 않았다. '좋은 엄마 콤플렉스'가 언제나 행복으로 가는 길목을 막고 내 발목을 붙들었기 때문이었다.

내가 자주 가는 도서관이 있다. 어느 날, 2층으로 올라가는 계단참에 걸린 도종환 시인의 〈흔들리며 피는 꽃〉이라는 시를 마주했다.

흔들리지 않고 피는 꽃이 어디 있으랴

이 세상 그 어떤 아름다운 꽃들도 다 흔들리면서 피었나니

　　:

바람과 비에 젖으며 꽃잎 따뜻하게 피웠나니

젖지 않고 가는 삶이 어디 있으랴

　그 시를 보면서 부모의 마음을 생각했다.

　'내 아이'라는 줄기를 곧게 세우기 위해 부모는 한없는 기대와 정성, 온갖 수고스러움을 자처한다. 흔들리지 않고, 젖지 않고 가는 사랑과 삶이 어디 있으랴마는 '좋은 엄마가 되어야 한다'는 콤플렉스가 문제였다. 나는 제대로 된 엄마, 좋은 엄마에 대한 아무 공부나 준비 없이 막연히 '아이에게 무엇이든 잘해주고 화도 내지 않는 완벽한 엄마'를 떠올렸다.

　우리 모두 행복한 사람, 행복한 아이, 행복한 부모가 되기 위해 완벽을 꿈꾼다. 하지만 완벽이란 어디에도 존재하지 않는다. 완벽한 부모 역시 마찬가지다. 또 완벽이 완전한 행복을 보장해주지도 않는다.

완벽 없이도 행복한 부모가 될 수 있다. 바로 아이를 바라보는 부모의 관점을 바꾸면 된다.

완벽한 부모는 아이가 모든 면에서 모범생이 되기를 꿈꾸며 잘못에만 집중한다. 행복한 부모는 아이의 조그마한 성취에도 감사하며 폭풍 칭찬을 퍼붓는다. 교육 이론에 '칭찬과 기대 속에 성장한 아이가 성공 가능성이 더 높다'라는 '피그말리온 효과'가 있다. 칭찬이 칭찬을 낳고 더 나아가 미래의 성공까지 불러온다.

2013년에 한국 방정환재단과 연세대 사회발전연구소가 공동으로 한 설문조사에 따르면 우리나라 어린이·청소년의 주관적 행복지수는 OECD 국가 중 최하위라고 한다. 주관적 행복지수는 '자신이 얼마나 행복한가를 스스로 측정하는 지수'를 말한다. 이스라엘 부모도 울고 갈 정도로, 우리 아이를 그 누구보다 최고로 키우겠다는 자녀 사랑과 희생 분야의 세계 챔피언 대한민국 부모. 그렇게 매일매일 치열한 육아 전쟁을 뚫고 나갔는데도 결국 부모도 자녀도, 그 누구도 승자가 되지 못했다. 자녀도 안 행복하고 부모도 힘든 지금의 육아 현실에는 분명 문제가 있다. 뭔가가 바뀌어야 한다. 먼저 부모가 자신의 관점부터 바꿔야 한다.

나는 막내를 키우며 부모로서의 내 관점을 완전히 바꾸게 되었다. 마치 눈 안의 완벽 콤플렉스 콩깍지가 떨어져 나간 느낌이었다. 새로운 눈으로 바라본 내 아이들은 감사하고 귀하고 참으로 고마운 선물이었다.

부모는 가정을 경영하는 영원한 CEO이며 아이는 부모의 평생 VIP 고객이다. 회사의 운명이 CEO의 경영 마인드에 달려 있듯이 가정도 마찬가지이다. 가정이라는 울타리에서 자라는 아이는 '반짝 세일' 기간에만 잠깐 등장하는 손님이 아니라 지속적으로 찾아오는 단골 고객이다. 부모는 평생 고객인 아이가 항상 웃으며 올 수 있는 행복한 가정을 만들어야 한다.

행복한 가정의 가장 중요한 키워드는 '부모의 관점'이다. 누구와도 비교하지 말고 눈높이를 낮춰 내 아이를 긍정의 시선으로 바라보자. 칭찬과 격려로 아이의 숨겨진 잠재력을 최대한 끌어내어 마음껏 자아성취를 이루도록 돕는 조력자가 되자.

　부모여, 관점을 새롭게 디자인하라. 조금은 힘들고 조금은 불안해도 아이의 행복과 나의 행복, 그리고 우리 가정의 행복을 위해 지금 이 순간부터 새로운 관점으로 세상을 보라.

봄의 문턱에서

부모 관점 디자이너

이화자

Contents

Part 3 행복하게 소통하기

틀 속에
갇힌 생각

루빈의 컵

왼쪽의 그림에서 무엇이 보이는가?
두 사람이 마주 보는 얼굴, 아니면
하얀색의 컵? 심리학에 '전경과 배
경 figure-ground '이라는 용어가 있다.
사람은 대상을 인식할 때 관심 있는
부분은 지각의 중심으로 떠올리지
만 나머지는 배경으로 보내는 경향
이 있다는 것을 말한다. '루빈의 컵'이라고 불리는 이 그림에서 마주
본 두 사람이 먼저 보인다면 그것이 전경, 나머지는 배경이 된다. 반
대라면 하얀색 컵이 전경, 나머지가 배경이 된다. 루빈의 컵에서 나

는 마주 본 사람의 얼굴이 먼저 보였다.

"하얀색 컵은 보이지 않나요?"

강사의 질문에도 컵은 보이지 않았다. '컵이 어디 있지' 하고 한참을 헤매다가 어렵게 찾았다. 이렇듯 같은 그림이나 상황도 보는 사람의 시점에 따라 다르게 다가온다. 이것은 이미 자리 잡고 있는 생각과 선입견이 새로 들어오는 정보의 순수한 입력을 방해하기 때문이다.

다른 예를 들어보겠다.

비 오는 날 한 엄마가 우산을 들고 학교 앞에서 아이를 기다린다. 비슷비슷한 옷차림의 아이들이 우르르 교문으로 쏟아져 나오는데도 빨간색 점퍼를 입은 아들이 보인다.

"민서야!"

엄마는 아들을 향해 손을 흔들며 미소 짓는다. 엄마에게는 아들만 보인다. 즉 아들은 전경이 되고 다른 아이들은 배경으로 물러나게 된다. 이때도 '루빈의 컵'과 마찬가지로 엄마의 마음속에 '우리 아들'이라는 생각이 다른 부차적인 입력을 배제하기 때문에 다른 아이들은 관심 밖으로 밀려나는 것이다.

루빈의 컵을 사람마다 달리 보듯 우리는 각기 처한 입장에 따라 서로 다른 프레임 frame 을 갖게 된다. 프레임은 틀, 구조라는 뜻인데 의미가 더 확장되어 '그 틀을 통해 바라보는 시각, 고정관념'까지 뜻하게 되었다. 즉 어떤 문제를 바라보는 관점, 사고방식까지 다 포함되는 것이다. 개인의 프레임은 상황이나 경험, 교육에 의해 바뀐다. 그중에서도 특히 자녀를 가진 부모의 프레임은 그 전과는 많은 차이를 보이게 된다. 자신뿐만 아니라 아이까지 포함해 이 세상을 바라보기 때문이다.

2013년, 가족과 함께 천만 명 가까운 관객을 동원했다는 영화 〈설국열차〉를 보았다. 영화를 보고 난 후 저녁을 먹으며 딸과 영화에 대한 이야기를 나누었다.

"엄마! 남궁민수가 머리칸으로 가는 열쇠를 가지고 앞으로 나가면서 자꾸 창밖으로 눈을 돌리잖아요."

"응? 그런 장면이 있었나?"

"송강호가 창밖을 쳐다보는 것은 앞쪽으로 가는 방법만 있는 게 아니라 밖으로 나갈 수도 있다는 의미 아닐까요. 결국 마지막에 요나와 티미가 살아남아 밖으로 나가 북극곰을 만나잖아요. 모두 밖에 나가면 얼어 죽는다고 생각하지만 남궁민수는 이미 알고 있었던 거예요."

나는 딸이 추측한 결말의 의미를 잘 이해하지 못했다. 내가 안타깝게 생각하며 마음에 새긴 장면이 따로 있었기 때문이다. 난 월포드에게 아이를 빼앗기지 않으려 애쓰던 꼬리칸의 열혈 엄마가 내지르던 울부짖음이 뇌리에서 내내 떠나지 않았다. 긴 치마폭에 아이를 숨겼지만 끝내 들켜서 빼앗기고만 엄마의 절절한 심정이 가슴을 울렸다. 더구나 머리칸 아이들이 최고의 환경에서 공부하는 모습과 겹쳐지면서 교육 환경이 부모의 신분과 경제력에 따라 결정되는 지금의 현실을 그대로 반영하는 것 같아 내내 마음이 편치 않았다.

결국 나는 부모의 프레임으로, 딸은 자신만의 자유로운 프레임으로 영화를 보고 이해한 것이다.

프레임의 차이는 '몰이해'를 불러온다. '나는 네가 통 이해가 안 돼'라는 시각으로 바라보면 단순한 일에서조차 마찰이 생기고 이는 큰 갈등을 불러온다. 사춘기 아이와 부모의 대화가 자꾸 어긋나는 이유는 서로의 프레임으로만 상황을 바라보고 내 프레임만 이해해달라고 주장하기 때문이다. 물론 그 어떤 부모도 사춘기 아이를 전부 다 이해해줄 수는 없을 것이다. 좋은 말로 시작해도 자꾸 어깃장만 놓는 아이에게 결국에는 폭발하고 만다. 아이 입장에서는 피상적으로만 이해하고 '그래도 어쩌겠니, ~해야지' 하는 당위론만 내세우는 부모의 말이 좋게 들리지 않을 것이다.

부모와 자녀의 프레임이 일정 부분 겹치도록 서로 노력하지 않는다면 대화는 계속 평행선을 달리고 각자의 마음을 이해 받지 못하게 된다. 그렇다면 부모와 자녀의 프레임을 맞추기 위한 가장 좋은 방법은 무엇일까? 마냥 대화를 하자는 방법도 좋을 것 같지 않다. 《맹자》에 나오는 서로의 처지를 바꾸어본다는 '역지사지易地思之'를 이용하여 대화를 하려 해도 말처럼 실천하기가 쉽지 않다. 부모는 달을 가리키는데 아이는 손가락만 바라보니 대화는 계속 어긋나고 서로에게 화만 내게 된다. 역지사지라고 하지만 진정한 역지사지가 아니었기 때문이다.

어느 날 나는 계속 엇나가는 대화의 방법을 바꾸어보기로 했다. 나중에 〈무한도전〉에도 나온 대화 방법으로 아이의 말을 긍정하며 일단 들어주는 전략을 써보기로 한 것이다 현재 '공감의 대화법'으로 알려져 있다. 들어주기로 한 날은 아이가 어떤 말을 해도 토를 달지 않고 그냥 '그렇구나' 하고 맞장구만 쳤다. 처음에는 그렇게 맞장구를 쳐주는 일도 쉽지 않았다. '그렇구나'보다는 '왜 그랬는데?'라는 말이 먼저 튀어 나오려고 했다. 하지만 의식적으로 노력하다 보니 아이의 잘못된 점이 아니라 감정에 집중하는 나를 발견하게 되었다. '그렇구나' 대화법은 아이를 이해하는 데 상당히 효과적이었다. 우리 집에서는 아이를 새로운 시각으로 바라볼 수 있는 좋은 계기가 되었다.

'프레임' 하면 강박적이고 폐쇄적인 틀을 가지고 있던 과거의 내가 떠오르며 많은 반성이 된다. 나는 이른바 가난한 집안에서 공부 잘하는 여자아이였다. 딸자식 공부시켜봤자 아무 소용없다는 아버지의 반복적인 폭언 속에서 내가 이 환경에서 벗어날 길은 하나밖에 없다는 생각으로 정말 악착같이 공부를 했다. 그러다 보니 열심히 하지 않는 주위 아이들이 참 이해가 안 되었다. 그 생각은 선생님이 된 후에도 변함이 없었다. 학교를 졸업하고 교사가 되어 처음 담임을 맡았을 때 수학 시험을 보고 난 후 아이들에게 한 문제 틀릴 때마다 한 대씩 매를 댔다. 지금 생각하면 참 부끄럽지만 그때 나는 '한 문제라도 틀리면 안 된다, 모두 백 점을 맞아야 한다'는 폐쇄적이고 강박적인 프레임을 가지고 있었다. 개개인이 가진 재능과 속도를 무시하고 내 프레임에만 아이들을 맞추려 한 것이다.

인간은 자신이 가진 경험의 한계를 벗어나기 위해 교육을 받고 독서를 하며 다른 훌륭한 사람들의 이야기를 듣는다. 내 프레임만 주장하지 않고 다른 사람의 입장에서도 이해하려 끊임없이 공부하고 노력해야 한다.

'루빈의 컵'처럼 컵도 보고 사람도 보려면 다른 이들과 세상을 여러모로 보게 하는 유연한 관점이 필요하다. 잠시라도 관점을 돌려 아이의 말과 행동뿐 아니라 감정까지 이해해보자. 아이를 키우는 부모는 그래야 한다. 부모의 독단적인 관점을 깨뜨려야 내 아이의 새로운 장점이 보인다.

공감의 대화법

1. 아이와 손을 마주 잡고 앉아 서운했던 일에 대해 이야기를 나눈다.
2. 서로의 눈은 바라보고 진심을 담아 말한다.
3. 질책을 하거나 잘잘못을 가리는 시간이 아니다. 아이가 말을 하도록 기다려 주고 있는 그대로 들어준다.
4. 사건이나 행동이 아니라 아이의 감정에 초점을 맞춰 '그랬구나, 그때 네가 그런 느낌이었구나' 하고 맞장구를 쳐준다.
5. 이 시간에는 아이 또한 진지하게 부모의 이야기를 들어주어야 한다. 아이의 말이 끝나면 부모도 어떤 생각이었는지 말한다. 아이가 억울한 심정을 느끼더라도 일단 부모의 말이 끝날 때까지 기다리게 한다.
6. 어떤 경우에도 유머를 잊지 말자. 진지하게 하되 서로의 분노를 터뜨리는 장이 아니라 감정을 깨끗이 청소하는 시간이 되도록 열린 마음을 가지고 재치 있게 말하자.

함께 쓰면 좋은 추임새

- 네 말이 맞아!
- 그렇구나.
- 당연하지!
- 동감이야!

에디슨의 어머니
학습 지진아, 발명왕이 되다

어릴 때부터 엉뚱했던 에디슨은 1847년 2월 11일, 미국 오하이오 주의 작은
마을 밀란에서 태어났다. 아버지는 제재소를 운영했으며 결혼 전에 초등학
교 교사였던 어머니는 집에서 지혜롭고 다정하게 아이들을 보살폈다. 에디
슨의 부모는 여섯 명의 자녀를 두었는데 그중 세 아이를 어렸을 때 하늘나라
로 보낸 뒤 에디슨을 얻어 그를 무척 예뻐했다.

　에디슨의 빨간 벽돌집 근처에는 궁금증과 호기심을 불러일으키는 것들이
많았다. 어느 날, 저녁때가 되도록 아들이 돌아오지 않자 어머니는 밖으로
나가 아이를 찾아보았다. 그러다 어두컴컴한 헛간의 짚더미 위에 쪼그리고
앉아 있는 에디슨을 발견했다.

"애야, 여기에서 무얼하고 있니?"

"거위 알을 품고 있어요. 온종일 품어주었으니까 곧 새끼 거위가 나올 거

예요."

"그럼 내내 이 헛간에 있었단 말이니? 거위 알은 어미 거위가 품어주어야 하는 거야. 그것도 하루 가지고는 어림도 없단다."

호기심 많고 실험정신이 강했던 에디슨의 엉뚱했던 일화는 이것 말고도 많다.

하루는 점심을 준비하는데 누가 급하게 불러서 에디슨의 어머니가 허둥 지둥 뛰쳐나갔다. 밖에는 제재소에서 일하는 청년이 에디슨을 안고 서 있 었다.

"아니, 어떻게 된 거니?"

온몸이 물에 흠뻑 젖은 막내아들을 받아 안은 어머니가 물었다.

"나보다 훨씬 큰 배도 뜨는데 나도 뜰 수 있을까 궁금해서 물에 뛰어들었 어요. 멋지게 뜨려고 해본 건데."

그런 에디슨을 보며 아버지는 은근히 걱정했지만 어머니는 생각이 달랐다.

'우리 에디슨은 특별한 사람이 될 거야.'

에디슨은 일곱 살 때 미시건 주 포트휴런으로 이사를 가 초등학교에 들 어갔다. 그러나 기대와 달리 학교는 너무도 지루한 곳이었다. 무조건 '읽어 라, 써라, 외워라' 하는 공부는 재미도 없고 답답하기만 했다. 점점 공부시 간에 딴전을 피우거나 이상한 질문을 해서 선생님을 화나게 만드는 일이 잦 아졌다.

"선생님, 1에다가 1을 더하면 2가 된다고 하셨는데 왜 그렇죠? 1에다가 1을 더하면 3이나 4는 왜 안 되는지 궁금해요."

"너처럼 멍청한 녀석은 처음 본다. 그러니까 항상 꼴찌만 하는 거야!"

수업시간은 매번 이런 식이었다. 하지만 어머니는 늘 에디슨의 편이 되어주었다.

"에디슨, 너는 절대로 바보가 아니야. 반대로 너무 똑똑해서 선생님이 너를 제대로 가르치지 못하는 거란다. 학교가 싫으면 가지 않아도 돼. 자, 엄마하고 선생님께 가서 말씀드리고 오자."

에디슨의 어머니는 선생님을 찾아가 당당하게 말했다.

"선생님, 우리 아들을 바보라고 하셨다지요? 아닙니다, 너무 똑똑해서 탈이지요. 오늘부터 학교를 그만두겠습니다."

이후 에디슨은 어머니한테서 교육을 받았다. 어머니는 어떤 질문을 해도 귀찮아하지 않고 자세하게 설명해주었다. 역사와 지리, 과학 공부는 다양한 책을 통해 깨치도록 하고 소설을 읽혀 감성과 상상력도 키워주었다.

에디슨이 무엇보다 좋아한 책은 《자연 과학과 실험 과학 입문》이었다. 에디슨은 증기기관, 전기, 전신기 같은 이야기는 여러 번을 읽어도 지루하지 않았다. 그런 에디슨은 마침내 지하실에 자신만의 실험실을 마련하고 매일 실험에 몰두했다.

한 번은 비등산이란 약이 가스를 만들 때 쓰인다는 것을 알고 친구에게 먹여보기도 했다. 잠시 후, 친구의 입에서는 고통스러운 비명이 터져 나왔다. 그 일로 하마터면 실험실을 사용할 수 없게 될 뻔했지만 어머니께 눈물을 흘리며 용서를 구해 겨우 다시 실험실 사용을 허락 받았다.

열두 살 때는 기차에서 신문이나 과자 파는 일을 했는데 시간을 절약하기 위해 화물차 안으로 실험실을 옮기면서까지 실험에 열중하였다. 그러다 기차 실험실에서 불이 나 차장에게 따귀를 얻어맞아 청각에 문제가 생기기도 했다. 이 일로 에디슨은 사람들과의 관계까지 끊고 더욱더 연구에 몰두하게 되었다고 한다.

열다섯 살 때는 역장 집 아이의 생명을 구해준 답례로 전신술을 배우게 되어 전신수로 일하기도 했다. 그 무렵 패러데이의 《전기학의 실험적 연구》를 읽고 감명을 받은 에디슨은 그 책에 나오는 실험을 연구하다가 1868년 전기투표기록기를 발명하여 최초의 특허를 받았다. 이후 계속 수많은 발명을 해 무려 1,300여 개의 특허가 에디슨의 이름으로 등록되었다.

에디슨 하면 전구가 가장 먼저 떠오른다. 에디슨은 1878년 백열전구의 연구에 몰두해 이듬해 드디어 40시간 이상 계속해서 빛을 내는 전구를 만들어내는 데 성공하였다. 전구의 발명은 그에게 세계적인 명성과 부를 안겨주었다.

훗날 에디슨은 어머니에 대해 이렇게 회상했다.

"어머니께서 나를 만드셨습니다. 어머니는 나를 믿어주셨죠. 덕분에 나는 내가 뭔가를 해낼 수 있다는 느낌을 가졌고, 어머니를 실망시켜 드리지 말아야 한다고 생각했습니다. 어머니야말로 진정으로 나를 이해해주던 사람으로 나의 가장 훌륭한 선생님이었습니다."

에디슨이 평생 학교에 다닌 기간은 3개월에 불과했지만 그에게는 세상에서 가장 훌륭한 선생님인 어머니가 있었다. 학교 선생님을 비롯하여 많은 사람이 구제불능이라고 포기했지만 어머니는 끝까지 아들을 믿고 용기를 주었다. 그런 어머니 덕택에 에디슨은 끝없는 호기심을 충족시키고 실험을 계속하여 '발명왕 에디슨'이라는 별명까지 얻게 되었다. 만일 에디슨에게 어머니의 믿음, 어머니만의 관점이 없었더라면 오늘날 우리가 알고 있는 에디슨이 될 수 있었을까.

에디슨의 놀라운 성공 뒤에는 끝없는 믿음과, 단점을 오히려 삶의 성장과 발전으로 이끌도록 도와준 어머니의 남다른 관점이 있었다.

한 끗 차이에서 오는
관점의 힘

사람은 자기가 보고 싶은 것을 보고 듣고 싶은 것을 듣는다. 두 사람이 같은 것을 보고 듣는다 해도 원래 가지고 있던 스키마 schema 가 다르므로 받아들이는 속도뿐 아니라 해석이 다를 수밖에 없다. 여기서 스키마란 '새로운 경험이 내면화되고 이해되는 정신의 모델 또는 틀'이라고 정의한다. 피아제는 이 용어를 사람이 성장하는 과정에서 사물이나 세상을 이해하는 방식을 묘사하기 위해 사용했다. 즉 '개 눈에는 똥만 보인다'는 속담처럼 자신이 좋아하거나 관심이 있는 부분만 보인다는 것이다. 그래서 긍정적인 스키마는 많이 확보할수록 현상을 파악하는 데 도움이 되지만 비슷한 의미일 수 있는 선입견은 편견만 불러온다. 또 스키마는 앞에서 설명한 프레임과 비슷한 개념이다. 그러나 프레임이 외부를 바라보는 관점을 규정하는 틀이라면 스키마는 스스로가 어떻게 받아들이느냐는 내면화가 중점이 된다. 물론 프레임과 스키마가 혼용되어 사용되기도 하며 개인의 관점에 지대한 영향을 미친다는 점에서는 동일하다.

이 스키마를 제대로 보여주는 사례로 〈핑크 대왕 퍼시〉라는 재미있는 이야기가 있다.

STORY

핑크색을 무척 좋아하는 핑크 대왕 퍼시가 사는 궁궐의 모든 것은 핑크였다. 숟가락이며 옷, 침대뿐만 아니라 매일 먹는 음식까지도 핑크 일색이었다. 그런데 성 밖의 세상은 핑크색이 아니었다. 그것을 못마땅하게 여긴 대왕은 앞으로 모든 것을 핑크색으로 염색하라고 명령했다. 신하들과 백성들은 그런 대왕이 못마땅했지만 어쩔 수 없이 옷과 그릇, 가구 등을 모두 핑크로 바꾸었다.

그러나 핑크 대왕은 여전히 만족하지 못했다. 세상에는 아직도 핑크가 아닌 것들이 존재했기 때문이다. 그래서 이번에는 막 태어난 양도 모두 핑크로 염색해야 했다. 모든 산과 들판, 나무와 풀도 핑크로 만들기 위해 군인을 동원하여 염색하였다.

하지만 저 푸른 하늘만은 도저히 핑크로 바꿀 수가 없었다. 대왕은 '저 하늘을 핑크로 만들 수 없을까' 하고 깊은 고민에 빠졌다. 그러나 제아무리 무소불위의 권력을 가진 대왕이라도 하늘을 핑크로 바꾸는 것은 불가능했다. 며칠을 전전긍긍했지만 뾰족한 수가 없자 핑크 대왕은 자신이 어려울 때마다 많은 조언을 해주던 스승을 찾아가 저 하늘을 핑크로 바꿀 방법을 물어보았다. 하지만 스승도 묘안이 떠오르지 않았다. 며칠 동안 생각에 잠겨 있던 스승은 마침내 좋은 방법이 떠올랐다. 그러고는 생각한 방법대로 물건을 하나 만들어 핑크 대왕 퍼시를 찾아가 말했다.

"대왕님, 드디어 저 하늘을 핑크색으로 만들었습니다."

스승은 대왕에게 안경을 씌워주었다. 그러자 대왕은 하늘이 핑크로 보여 무척 기뻐했다.

스승이 마술이라도 부린 것일까? 물론 아니다. 스승이 한 일은 핑크빛 렌즈의 안경을 만든 것뿐이었다. 하늘을 핑크로 바꿀 수는 없지만 핑크로 보이게 할 방법을 찾아낸 것이다.

핑크 대왕 퍼시가 좋아하는 핑크는 사물을 이해하는 대왕만의 정신적 모델, 즉 스키마라 할 수 있다. 이 스키마가 무소불위의 권력이라는 그릇에 담기자 엄청난 힘을 발휘하게 된다. 다행히 그의 멘토인 스승은 대왕의 스키마를 인정하면서도 모두가 편안해지는 방법을 찾아냈다.

우리 또한 자신만의 스키마를 가지고 있다. 그러나 우리는 세상을 내 마음에 들도록 다 바꿀 수는 없다. 핑크 대왕의 사례처럼 관점을 조금만 다르게 해도 우리의 삶이 달라진다는 점을 명심하자. 스키마는 외부와의 상호작용을 통해 충분히 바뀔 수 있다.

마야 안젤루의 《새장에 갇힌 새가 왜 노래하는지 나는 아네》를 읽어보면 부모가 우리 아이들을 작은 새장에 가두려고 하는 것은 아닌지 반성하게 된다.

새장에 갇힌 새는 두려움에 떨리는 소리로 노래를 하네

알 수 없지만 그러나 여전히 열망하는 것들에 대해

그 노랫가락은 먼 언덕 위에서도 들을 수 있다네

새장에 갇힌 새는 자유를 노래하니까

새장에 갇힌 새가 자유를 누리려면 새장 문을 열어야 한다. 아이가 마음껏 창공을 날게 하려면 부모의 관점이 열려야 한다. 부모 먼저 반성하고 발전하려고 노력했을 때 아이는 더 많은 것을 보고 느끼며 자란다. 아이가 자기 힘으로, 자기만의 방식으로 세상을 느끼고 받아들여야 혼자 힘으로 날아갈 방향을 결정할 수 있게 된다. 책상머리에 앉혀두고 책 속의 세상만을 날아다니게 할 게 아니라 진짜 세상으로 나아가 세상을 변화시키겠다는 꿈이 자라게 하자.

'지금 부모인 내가 생각하는 것이 옳다', '아직 불완전하니 부모가 이끌어줘야 한다'라는 고정관념에서 벗어나자. 무엇이든 아이 스스로 찾게 하자.

어떻게 해야 아이를 바라보는 부모의 관점을 좋은 쪽으로 바꿀 수 있을까? 핑크 대왕이 쓴 것 같은 핑크 안경을 부모는 어디서 얻을 수 있을까?

첫째, 오늘 당장 부모로서 스스로가 아이를 어떤 눈으로 바라보고 있는지 적어보자. 부모의 정확한 시력을 모른다면 제대로 된 안경을 맞출 수 없다.

둘째, 잘 모르겠으면 아이에게 부모가 요즘 어떤 말을 가장 많이 하고 있는지 물어보자. 아이가 가장 잘 느끼고 있다.

셋째, 내가 바라는 이상형의 아이상을 적고 내 아이와 비교해본다. 비교는 나쁜 것이지만 제대로 된 현실 파악을 위해서는 이상과의 괴리부터 파악해야 한다.

넷째, 내 아이의 한계를 인정하고 가능한 부분에서 도움을 줄 수 있는 방법을 찾아본다.

아이는 부모의 인형이 아니다. 부모도 이루지 못한 꿈을 대신 성취시켜주기 위해 태어난 존재는 더더욱 아니다. 내 아이는 천재가 아니며, 위대한 사람이 되지 못할 수도 있다는 사실을 솔직하게 인정하고 받아들이자. 대신 누구에게나 사랑 받는 행복한 아이는 될 수 있다는 것을 믿자. 불행한 천재가 될 바에야 그게 더 낫지 않겠는가.

많은 부모가 핑크 대왕 퍼시처럼 자신만의 스키마를 통해 아이를 바라보고 그 속에서 자신이 최고라고 생각하는 것만 억지로 주입시키려 한다. 하지만 아이의 재능이나 체질, 속도는 바꿀 수 없다. 부모가 바뀌어야 한다. 핑크빛 안경처럼 아이를 수용할 수 있는 틀을 새로 짜야 한다. 오늘 당장 부모로서 내 스키마를 인정하고 아이를 제대로 바라볼 안경을 맞춰보자.

이상형의 아이와 현실의 아이 똑바로 바라보기

	이상형의 아이	현실의 아이
공부		
성격		
태도		
신체 특성		
예체능		
장점과 단점		
기타		

※ 정말 엄친아나 슈퍼맨만 원했던 것은 아닌지 다시 한 번 살펴보자.

바람에 흔들리지 않는
뿌리 깊은 나무가 되자

시도했던 것이 모두 잘못되어 폐기되더라도 그것은 또 하나의 전진이기 때
문에 나는 절대 실망하지 않는다.

토머스 에디슨의 말이다. 실패 앞에선 누구나 낙심을 한다. 하지만
실패를 패배라고 여기지 않고 다시 도전하는 발판으로 삼는 긍정의 관
점이 성공과 행복을 불러온다. 전구를 발명하기까지 천 번이 넘는 실
패를 했지만 끈질기게 시도해 결국 성공한 에디슨은 기자의 '천 번이나

실패한 게 사실입니까'라는 질문에 웃으며 이렇게 대답했다고 한다.

"아니요, 전 실패한 게 아닙니다. 전구가 켜지지 않는 천 가지 방법을 알아낸 거죠."

초등학교 교사인 나는 시험 때마다 자녀의 성적에 따라 일희일비 –喜–悲 하는 부모의 모습을 자주 보게 된다. 심지어는 아직 초등학생인 아이에게 올백을 받으면 스마트폰을 최신형으로 바꾸어주겠다는 당근을 휘두르는 부모도 있다. 한 번은 이 당근을 맛있게 먹을 수 있겠지만 다음에는 더 큰 당근을 내보여야 아이에게 동기부여가 될 것이다. 그러면 그 끝은 어디가 될까?

교육심리학에 보면 개인의 만족감이나 성취감 때문에 행동하면 내재적으로 동기화된 것이고, 반대로 외적 보상을 얻기 위해 행동하면 외재적으로 동기화된 것이라고 한다. 내재적 동기에는 이 외에도 유능함, 자기 결정, 도전정신, 호기심, 흥미, 즐거움 등이 있고 외재적 동기는 돈, 인정, 경쟁, 인센티브, 성적 등과 관련된다.

다들 알다시피 아이에게는 내재적인 동기화가 중요하다. 그래야 스스로 알아서 즐겁게 더 큰 목표를 설정해놓고 한 걸음 한 걸음씩 전진할 수 있기 때문이다.

그런데 부모가 아이의 시험 때마다 성적에만 신경을 쓰고 선물을 주니 마니 하면 아이는 어떤 생각을 갖게 될까? 아이 또한 새로운 것을 알아가는 기쁨은 뒷전이고 당장의 결과에만 집착하게 된다. '올백을 맞으면 성공한 것이고 아니면 실패한 것'이라는 결과론적 사고에 익숙해지는 것은 물론 올백은 '도저히 먹을 수 없는 그림의 떡'이 된다. 그러다 보니 점점 공부에 싫증을 느끼고 시험은 지긋지긋한 것이라는 마음이 들어 공부와는 담을 쌓고 만다.

성공한 많은 사람들이 성공 그 자체보다 도전 과정에서 더 큰 행복을 느꼈다는 인터뷰를 했다. 아이에게 그 어떤 결과보다 과정이 중요함을 알게 하는 것이 중요하다. 이제 평생교육의 시대라고들 한다. 어차피 우리 모두는 일생 동안 배워야 한다. 아이가 초등학교 때부터 교육을 지긋지긋한 것으로 여기게 되면 평생의 경쟁에서 뒤처지게 되는 것은 당연하다.

배움을 기쁨과 즐거움으로 느끼게 하려면 무엇보다 하나하나의 학습 결과에 집착하는 부모의 조급증부터 고쳐야 한다. 아이를 잘 가르치고 단련시키려면 부모가 뿌리 깊은 나무가 되어 작은 바람에 흔들리지 말아야 한다. 아이의 실수나 실패를 어떻게 받아들이느냐에 따라 아이는 계속 도전할 수도, 절망하고 '나는 안 돼' 하며 포기할 수도 있기 때문이다. 부모의 사소한 말 한마디가 아이에게 상처나 힘을 줄 수 있다.

뿌리 깊은 부모는 아이의 장점에 더 집중한다. 하나의 결과가 아니라 크게 보면 가장 중요한 것은 내 아이만의 장점, 독특함을 계속 키워주는 것이라는 사실을 안다. 과정 속에서 조금씩 발전하는 기쁨을 알게 하고 작은 실패쯤은 툭툭 털고 일어서는 강인함을 심어준다. 그런 점에서 유대인 부모에게는 본받을 점이 많다. 홍익희는 《아이는 유대인 부모처럼 키워라》에서 이렇게 말했다.

유대인 부모들은 자식이 최고가 되는 것을 바라지 않고 독특한 재능을 가진 창의적인 학생이 되기를 바란다. Best는 한 명뿐이지만 Unique는 모든 학생이 될 수 있기 때문이다. 지진아로 분류되었던 에디슨과 아인슈타인이 세계적인 과학자가 될 수 있었던 힘도 바로 그 어머니들의 Unique에 대한 믿음 덕분이었다. 가장 영향력 있고 위대한 선생님은 바로 부모이다. 이 땅에서 부모보다 더 훌륭한 선생님은 없다.

독특한 재능을 가진 창의적인 학생이 되기를 바라는 유대인 부모의 가치관은 자녀에게 그대로 영향을 미친다. 그래서 유대인 중에 록펠러나 빌 게이츠처럼 인류 역사에 큰 족적을 남긴 훌륭한 인물이 많다. 하지만 대한민국 부모는 아이에게 끊임없이 공부만 강요해 결국 아이가 공부를 싫어하게 하는 악순환의 고리를 만들어낸다.

유대인은 공부에 접근하는 방식 자체가 다르다. 유대인 부모는 아이가 배우는 즐거움을 스스로 깨달을 수 있도록 애를 쓴다.

예를 들어 아이가 히브리 어를 처음 배울 때 공부가 얼마나 달콤한지를 먼저 오감으로 느끼게 한다. 부모는 아이 손가락에 꿀을 묻힌 다음 히브리 어의 알파벳 스물두 자를 알려주고 손가락을 빨게 한다. '배움은 꿀처럼 달다'는 것을 가르치기 위해서다. 학교에 입학하면 기념으로 케이크를 준비하는 부모도 있다. 케이크 위에는 히브리 어의 알파벳이나 유대민족의 상징인 '다윗의 별'을 그린다. 아이는 설탕으로 된 알파벳과 별을 떠올리며 배움에 대한 기대감을 키워간다. 이렇게 배움의 달콤함과 기대감을 먼저 느낀 아이들은 내재적으로 동기화가 되어 성장하면서 점점 더 자신만의 능력을 발휘하게 된다.

현재 미국 인구 중 유대인이 차지하는 비율은 3퍼센트에 불과하다. 하지만 미국 유명 대학 교수 중 약 30퍼센트가, 노벨 수상자 중에서는 15퍼센트 이상이 유대인이다. 모두 자신만의 특별한 능력을 끌어내어 성공하도록 도운 유대인 부모의 교육 방식이 효과를 발휘한 것이다.

유대인 부모처럼 어떤 상황에서도 흔들림 없이 자녀를 믿어주고 칭찬해주자. 우리 모두 뿌리 깊은 부모가 되자.

플래시보 효과와 노시보 효과

심리학에 플래시보 효과(Placebo effect)란 말이 있다. 약효가 전혀 없는 거짓 약을 진짜 약이라고 말하고 환자에게 복용토록 했을 때 환자의 병세가 호전되는 효과를 말한다. 말하자면 긍정적으로 생각하는 사람에게는 결과가 긍정적으로 나타날 수 있다는 이야기이다. 반대로 노시보 효과(Nocebo effect)란 것도 있다. 플래시보 효과와 반대 현상인데 환자가 효과가 없다고 생각하면 진짜 약도 약효가 나타나지 않는 것이다. 즉 부정적인 생각이 부정적인 결과로 나타날 때 쓰이는 말이다. 노시보 효과, 부정의 힘이 얼마나 큰 결과를 가져오는지 보여주는 사례가 있다.

1950년대, 스코틀랜드의 한 항구에서 짐을 내린 뒤 포르투갈의 리스본으로 되돌아가는 포도주 운반선의 냉동 창고에 한 선원이 갇혀버렸다. 포도주가 다 내려졌는지 확인하는 과정에서 그를 보지 못한 동료가 밖에서 문을 닫았기 때문이다. 그 선원은 안에서 문을 두드렸지만 아무도 열어주지 않았다. 점차 몸은 차가워지기 시작했다. 발가락, 손가락은 물론 온몸이 조금씩 얼음장이 되어가는 것이 느껴졌다.

마침내 배가 리스본에 도착했고, 다른 선원이 와인을 싣기 위해 냉동 창고를 열었을 때 차갑게 얼어 있는 그 선원을 발견했다. 선원의 손에는 '몸이 점점 얼고 있다. 나는 곧 얼어 죽을 것이다'라고 쓴 종이가 쥐어져 있었다.

그런데 놀라운 것은 냉동 창고의 온도는 영상 19도였고, 그 안에는 먹을 것도 충분히 있었다는 사실이었다. 단지 '나는 얼어 죽을 것이다'는 선원의 마음과 두려움이 실제로 그의 몸을 얼어붙게 만들었고 결국 죽음에 이르게 한 것이다.

자녀가 부정적이고 패배적인 관점에서 벗어나게 하려면 부모가 먼저 아이에게 긍정적인 기대를 해야 한다. 아이에게 긍정의 표현을 해야 한다.

보이지 않는 본질까지
살펴보자

우리는 어떤 현상을 피상적으로, 겉만 바라보고 판단하는 경우가 참
많다. 그래서 때때로 오해와 편견이 생기고 이는 차별로 이끌어지기
도 한다. 우리 이웃의 따스한 이야기로 큰 인기를 끌었던 프로그램
〈TV 동화 행복한 세상〉을 엮어 만든 동명의 책에는 모든 부모가 깊
이 생각해볼 만한 〈검정 풍선〉이라는 동화가 나온다.

STORY ────────────────────────────────

어느 날 작은 시골 마을에서 수소를 집어넣은 풍선을 파는 위그든 아저씨
가 아이들의 관심을 끌기 위해 공중에 풍선을 날려 보내고 있었다. 빨간 풍

선, 노란 풍선, 파란 풍선……, 아저씨는 예쁜 색깔의 풍선을 높이 띄워 하늘을 아름답게 수놓았다. 언제부터인가 그 옆에서 풍선 장수 아저씨의 행동을 유심히 지켜보던 한 흑인 소년이 물었다.

"아저씨, 까만 풍선도 아저씨가 띄우기만 하면 하늘에 올라갈 수 있나요?"

그러자 위그든 아저씨는 까만 풍선을 높이 띄우며 말했다.

"얘야, 하늘을 날게 하는 것은 풍선의 색깔이 아니라 그 안에 든 것이란다."

흑인 아이는 하늘 위로 빨간 풍선, 노란 풍선, 파란 풍선과 함께 높이 날아오르는 까만 풍선을 볼 수 있었다.

이 흑인 아이는 자신의 얼굴 색깔에 대한 사람들의 편견에 상처를 받았다. 백인 아이와 다른 색의 얼굴을 가졌다는 이유로 차별을 경험한 아이는 '까만 풍선'도 다른 풍선처럼 날 수 있을지 염려가 된 모양이다. 흑인 아이가 위그든 아저씨께 이렇게 질문한 것은 참 다행이다. 그래서 위그든 아저씨의 현명한 말과 함께 그 궁금증을 까만 풍선에 담아 날려 보낼 수 있었기 때문이다.

사람들은 풍선의 색깔만 볼 뿐 그 속에 든 '수소'라는 본질은 자칫 놓치기 쉽다. 친구들이 흑인 아이의 검은색 얼굴을 보고 '더럽다'

는 말을 내뱉는다면 그 아이의 인격과 가치는 보지 못했기 때문이다. 누구나 눈에 보이지 않는 것보다 보이는 것을 보고 판단하기 쉽다. 겉으로 드러나는 외모, 학벌, 경제력, 직업 등만 보고 비교하거나 많이 가진 자에게 부러움을 느끼고 나보다 못한 사람을 마음속으로 무시하기도 한다.

아이를 바라보는 관점 또한 마찬가지다. 아이는 저마다 재능, 외모, 성격, 학습 능력, 가정 환경이 다르다. 그것은 아이의 존재를 겉으로 드러내는 외장하드일 뿐, 진정한 모습이라 할 수 없다.

나는 막내를 키우면서 부모로서 큰 성장을 했다. 첫째와 둘째 때는 나 또한 남들처럼 아이를 닦달하고 왜 기대에 미치지 못하느냐고 안달하며 꾸중도 많이 했었다. 그러나 교사로서, 부모로서 많은 경험을 하고 또 내 자신이 끼고 있던 왜곡된 안경을 인식하고 나자 아이를 바라보는 관점이 달라졌다.

막내아들은 두 누나와 달리 말이나 행동이 많이 늦되었다. 초등학교에 입학하고 나서 2학기 때 치른 시험 성적이 반에서 거의 꼴찌였다. 아들은 나와 같은 학교에 다녔기 때문에 솔직히 담임선생님 얼굴 보기가 다소 부끄러웠다.

"엄마, 왜 나는 공부를 못해? 친구들이 바보라고 놀린단 말이야!"

"괜찮아! 공부 좀 못하면 어때? 넌 운동을 잘하잖아."

일곱 살에 입학한 아들의 푸념이 안쓰러웠고 단지 꾸짖는다고 단시간에 나아지는 문제가 아니라는 마음이 들어 오히려 울먹이는 아이를 달랬다.

'공부를 못하는 아이 자신은 얼마나 힘들까. 자신도 공부를 잘하고 싶을 텐데……'

조금 속이 상한 면도 있었지만 모든 것이 마음대로 되는 것이 아닌 만큼 단점에 연연하지 말고 장점에 집중하기로 했다. 엄마로서 아이가 낮은 성적 때문에 자존감이 떨어질까 봐 그것이 더 염려스러웠다. 그래서 조금이라도 성적이 오르면 폭풍 칭찬을 하면서 조금 늦더라도 아이를 믿고 기다리기로 했다.

초등학교 5학년 어느 날, 막내아들은 수학을 잘하고 싶다며 친구와 공부방에 다니겠다는 말을 먼저 꺼냈다. 우리 집에는 예체능 외의 교과 공부는 스스로 해야 한다는 원칙이 있었지만 해보겠다는 의지가 기특해 허락을 했다. 그때부터 아들은 수학에 흥미를 붙이더니 차츰 중학교에서는 중위권, 고등학교에서는 상위권을 유지할 만큼 괄목할 만한 성과를 나타냈다.

만약 내가 아들이 공부 못하는 것만 꼬집어 야단을 쳤다면 풍선의 색만 보고 풍선을 날게 하는 그 속의 수소는 무시한 것이다. 풍선 속의 수소는 말하자면 아들의 자존감, 잘하고 싶은 욕구, 또한 공부를 못하더라도 변함없는 인격과 가치를 말한다.

부모는 자칫 공부 잘하는 아이를 더 귀하게 여기고 뒤처지는 아이는 무시하거나 질책하기 쉽다. 공부도 일종의 재능이라고 할 수 있기에 공부 한 가지로 아이의 인격이나 가치를 따져서는 안 된다.

때로는 보이는 것보다 보이지 않는 것 속에 진실이 숨어 있는 경우가 있다. 보이는 것이 다 거짓은 아니지만 그 이면을 간과해서는 안 된다. 아이는 있는 그대로가 소중하다. 눈에 보이는 모습이 어떻든지 내면의 가치는 무엇과도 바꿀 수 없다. 혹여 공부를 못해도, 신체적인 장애가 있어도, 피부 색깔이 달라도 아이의 인격은 특별하고 귀중하며 존중 받아야 한다.

지혜로운 부모는 아이의 겉모습이 아니라 내면의 그 무엇을 볼 수 있어야 한다. 그러기 위해서는 유연한 관점을 가져야 한다. 눈에 보이는 외양적인 것보다 보이지 않는 아이의 인격과 가치를 믿고 존중할 때 아이의 장래는 밝고 희망차다.

자녀에게 부정적인 영향을 주는 부모의 말

첫째, 유난히 행동이 늦되거나 말이 어눌한 아이가 있다. 이때 "느림보 거북이야!", "왜 이렇게 말을 똑바로 못해"라고 나무란다면 아이는 마음의 상처를 입는다. 아이는 아직 성장 중이다. 한때의 특성을 가지고 아이 전체를 규정 지어서는 안 된다. 이는 아이의 진정한 인격과 가치를 무시하는 것이다.

둘째, 다른 사람과 비교하는 것은 아이의 자존감에 상처를 입힐 수 있으므로 주의해야 한다. "네 친구 정민이 봐라. 걔는 늘 책만 본다더라. 너는 도대체 왜 만날 게임만 하는 거니?" 이런 말은 아이의 능력을 남보다 아래에 두는 것이다. 부모는 아이에게 본보기를 제시하기 위해서라지만 아이는 부모가 자신을 무능력자라고 생각한다고 느낄 수 있다.

셋째, 야단을 칠 때는 지난 일은 들추지 말고 지금 일에 대해서만 혼을 내야 한다. "저번엔 유리를 깨더니 오늘은 컵이니? 도대체 정신을 어디다 두고 다니는 거야?" 이런 야단은 아이의 수치심과 열등감을 자극하여 부모에게 적대감을 갖게 만든다. 지금 일어난 일에 대해서만 말하자.

넷째, 어떤 경우에도 존재를 부정하는 말을 해서는 안 된다. "아유, 차라리 네가 없어져 버렸으면 좋겠어. 나가버려. 꼴도 보기 싫어." 이런 말은 아이에게 크나큰 상처를 남긴다. 아이는 자신의 존재 가치를 의심하게 된다.

벤 카슨의 어머니
바보에서 뇌수술의 최고 권위자가 되다

1997년 12월, 이틀에 걸쳐 남아프리카공화국의 메둔사 병원에서 이루어진
잠비아의 샴쌍둥이 조셉과 루카 반다의 분리 수술이 성공하여 세계적으로
크게 보도된 적이 있다. 2003년 7월, 싱가포르의 래플스 병원에서 이란의
스물아홉 살 된 샴쌍둥이 자매 라단과 랄레 비자니의 분리 수술이 있었다.
이는 당시 우리나라 신문이나 텔레비전에도 '성인 샴쌍둥이, 죽음을 무릅쓴
분리 수술'이란 제목으로 기사화되었다. 29년이나 두 자매가 한 몸으로 살아
온, 믿을 수 없는 일에 충격을 받은 기억이 난다. 하지만 50여 시간의 긴 수
술 끝에 자매가 사망했다는 뉴스가 나와 얼마나 안타까웠던지. 이 두 수술
을 집도했던 의사들은 미국 존스 홉킨스 아동센터의 벤 카슨 박사가 주축
이 된 의료팀이었다.

벤 카슨 박사는 미국 디트로이트의 범죄와 가난, 마약에 찌든 빈민가에서

태어났다. 벤의 어머니는 이혼 후 혼자서 두 아들을 키워야 했다. 어려운 살림을 꾸려가느라 밤낮 없이 일해야 했기 때문에 아이들을 돌볼 시간이 부족했다. 당연히 아이들은 학교에서 돌아오면 온종일 TV만 보고 숙제를 해간 적이 한 번도 없었다.

"야, 멍청아!"

'멍청이'는 학교에서 벤에게 친구들이 붙여준 별명이었다. 그는 그 별명이 듣기 싫었다.

그렇지만 어떻게 공부해야 하는지, 어디서부터 공부해야 하는지 알지 못했다. 아니 아예 공부를 해야 한다는 생각조차 없었던 벤은 몇 주 후 본 중간고사 시험에서도 성적이 거의 바닥을 헤맸다.

벤의 성적표를 본 어머니는 상황의 심각성을 깨닫고 아이뿐 아니라 부모로서 자신도 변해야 한다는 자각을 했다. 그리고 벤과 벤의 형 커티스를 가까이 불렀다.

"벤, 네가 계속해서 이런 점수를 받아온다면 평생 공장에서 마룻바닥 청소나 해야 해. 그것은 하나님께서 원하시는 것이 아니란다. 이제부터 TV는 일주일에 두 프로그램만 보고 도서관에 가서 일주일에 두 권씩 책을 읽고 독후감을 써서 나에게 읽어주어야 해."

어머니는 시키는 대로 하지 않으면 엄한 벌을 받게 될 거라고 경고했다. 벤은 어쩔 수 없이 도서관에 가 책을 읽고 독후감을 썼다. 벤의 어머니가 독서 습관을 갖는 것의 중요함을 알고 벤에게 책을 읽힌 것은 탁월한 교육 방법이었다. 얼마 지나지 않아 그 효과가 나타나기 시작했다.

벤이 6학년 때였다. 어느 날 과학 선생님이 수업 시간에 돌덩어리를 들고 오셨다.

"이 돌의 이름을 아는 사람 있나요?"

아무도 대답을 하지 않았다. 그때 벤이 손을 번쩍 들었다. 엄마의 명령으로 도서관에서 책을 읽은 벤이 한 사진책에서 분명 본 적이 있는 돌이기 때문이었다.

"흑요석이요. 흑요석은 화산이 폭발한 이후에 형성됩니다. 용암이 산에서 흘러내려 물에 닿게 될 때⋯⋯."

벤이 크게 외치자 선생님은 물론 반 친구들 모두 깜짝 놀랐다. 아마 벤 자신이 더 놀랐을지도 모른다. 이때부터 벤은 자신감이 붙어 학교생활이 즐거워졌다. 친구들이 더 이상 자신을 놀리지 않고, 오히려 부러운 눈으로 바라보니 말이다. 벤을 바보 천치라고 부르는 아이가 한 명도 없음은 물론이다.

그날 이후 벤은 문제에 대한 답을 찾아가는 재미에 흠뻑 빠졌다. 그 좋아하던 TV도 보지 않고, 친구들과 놀지 않고, 매일 도서관에서 시간을 보냈다. 그러다 보니 반에 무슨 새롭고 어려운 과제만 생기면 벤이 해결사 노릇을 하게 되었다. 이후 벤은 1등을 놓치지 않았고, 장학생으로 예일 대학교에까지 입학하게 되었다.

벤 카슨 박사는 뇌수술 분야의 세계적인 권위자일 뿐만 아니라 《싱크빅》, 《축복 받은 손》이라는 세계적인 베스트셀러의 저자이기도 하다. 이제 그의 이름 뒤에는 '문제아' 대신 '박사'라는 수식어가 따라다닌다.

오늘날 세계 의학계에서 '신의 손'이란 별명으로 불리는 벤 카슨 박사에게 한 기자가 찾아와서 물었다.

"오늘의 당신을 만들어준 것이 무엇입니까?"

"나의 어머니 소냐 카슨입니다."

벤 카슨의 어머니는 늘 격려의 말로 아들에게 용기를 주었다고 한다.

"벤! 너는 마음만 먹으면 무엇이든 할 수 있어! 노력만 하면 어떤 일이든 할 수 있어."

카슨의 어머니는 아들이 실패를 딛고 일어설 수 있도록 용기를 주었다. 자녀의 실패에서 무엇을 보느냐가 중요하다. 자녀의 실패를 걸림돌로 보지 않고 디딤돌로 삼는 어머니는 지혜롭다.

익숙한 것과 결별하고
변화를 받아들여라

STORY

1975년 어느 여름날, 박정희 대통령이 현대건설 정주영 회장을 급히 청와
대로 불렀다.

"달러를 벌어들일 좋은 기회가 왔는데 일을 못하겠다는 작자들이 있어요.
지금 당장 중동에 다녀오세요. 만약 당신도 안 된다면 나도 포기하지요."

대통령의 말을 듣고 한달음에 중동에 다녀온 정 회장은 이렇게 보고했다.

"중동은 이 세상에서 건설 공사하기에 제일 좋은 곳입니다."

"왜요?"

"일 년 열두 달 비가 오지 않으니 일 년 내내 공사할 수 있고요. 건설에 필요한 모래, 자갈이 현장에 있으니 자재 조달도 쉽죠."

"물은 어떻게 하고요?"

"그거야 어디서든 실어오면 되죠."

"섭씨 50도나 되는 더위는요?"

"낮에는 자고 밤에 시원해지면 그때 일하면 됩니다."

박 대통령은 비서실장을 불러 말했다.

"현대건설이 중동에 나가는데 정부가 지원할 수 있는 것은 모두 지원하
시오."

중동 건설붐은 이렇게 시작되었다. 달러가 부족했던 그 시절, 수
십 만 명의 젊은 노동자들이 중동으로 몰려 나갔고, 거기서 벌어들
인 달러를 특별기 편으로 싣고 들어왔다.

"이봐, 해보기나 했어?"

고 정주영 회장이 자주 했던 말이다. 하지만 여기서 나는 정주영
회장의 '할 수 있다'라는 도전정신보다 세상을 다르게 바라보는 시각
에 대해 말하고 싶다. 모두가 일 년 내내 비가 오지 않고 섭씨 50도
까지 올라가는 환경에서는 일할 수 없다는 고정관념을 갖고 있었다.
그러나 정 회장은 중동 현장을 바라보며 불가능의 조건에 초점을 맞
추기보다 무한한 가능성에 집중했다.

우리의 행동은 생각에서 나오고 생각은 관점에 따라 극명하게 달라진다. 평범한 사람이라면 자신이 사는 환경에 익숙하므로 다른 기후에서 일하는 것은 불가능하다는 생각의 틀에서 벗어나기 힘들다. 하지만 정 회장은 습관적인 생각의 틀을 깼다. 다른 사람이 보지 못하는 가능성을 보았고 한계에 도전했다. 이것이 성공하는 사람의 작은 차이다. 차이가 성공을 불러온다.

그런데도 우리 부모들은 아이를 익숙한 관습의 틀에만 집어넣으려 하고 그러면서도 동시에 왜 남과 다르게 특출나지 않느냐고 윽박지른다.

맨 처음 아이를 임신했던 때를 되돌아보라. 당시 엄마가 바라는 오직 하나는 내 아이가 건강하게만 태어나면 감사하겠다는 소망이었을 것이다. 열 달의 기다림 끝에 엄청난 출산의 고통을 겪고 마침내 품에 안긴 건강한 아이를 봤을 때 그야말로 온 세상을 다 얻은 것처럼 충만한 기쁨을 맛보았을 것이다. 그런데 한 해 한 해 아이가 커가면서 그 감격은 점점 잊혀지고 다른 아이와 비교하며 불행의 싹을 키워간다.

물론 우리나라와 같이 시험을 보면 성적대로 아이를 한 줄로 세우는 치열한 경쟁 구도에서 남과 비교하지 않고 살기는 어려운 것이 사실이다. 조그만 교실에서 다수의 학생이 같은 교육 커리큘럼으로 공부하다 보니 경쟁과 비교가 난무하고 개성은 차츰 사라지기 마련이다. 그런데 학교에서뿐 아니라 부모도 아이를 경쟁으로 내몰고 있다. 아이가 시험을 보고 나면 친구의 점수를 더 궁금해하고, 아이의 점수가 마치 엄마의 점수인 것처럼 여기는 이들이 너무도 많다.

세계 최고의 교육 경쟁력을 자랑하는 핀란드는 경쟁이 아니라 스스로 무엇을 할지 아는 데서 실력이 늘어난다는 교육 철학을 가지고 있다. 그래서 성적표에는 등수를 기재하지 않는다고 한다. 비교라는 잣대를 거두면 많은 가능성이 보인다. 내 아이가 학교 시험에서 몇 등을 했는지보다 무엇을 잘하는지가 더 중요해지고 그러면 부모는 아이가 스스로 잘하는 것을 발견해 성장하도록 돕게 된다.

내가 아는 한 지인의 아들은 틱장애를 가지고 있다. 틱장애란 특별한 이유 없이 자신도 모르게 얼굴이나 목, 어깨, 몸통 등의 신체 일부분을 아주 빠르게 반복적으로 움직이거나 이상한 소리를 내는 것을 말한다. 초등학교 1학년 때부터 학교에서 치른 받아쓰기 시험 점수에 따라 엄마는 아이에게 회초리를 들었다고 한다. 한 개 틀릴 때마다 한 대, 이런 식으로 매를 대다 보니 아이는 점차 스트레스를 크게 느끼게 되었고 급기야 틱장애가 왔다고 한다.

그녀에게는 받아쓰기 시험은 무조건 백 점을 받아야 한다는 고정관념이 있었다. 초등학교 1학년 때는 별다른 시험이 없다 보니 받아쓰기를 굉장히 중요하게 여기게 된다. 또 암묵적으로 받아쓰기 점수가 좋은 아이는 두뇌가 명석하고 장차 공부에 뛰어난 재능을 보인다는 통설도 있었다. 그러나 요즘은 아이의 재능을 꽃피울 수 있는 경로가 다양한 만큼 한글을 깨우치는 시기가 그렇게 중요하지 않다.

틱장애로 친구들의 놀림을 받던 그 아이는 학업에도 점점 흥미를 잃었고 심각한 정서장애까지 생겼다. 참으로 안타까운 일이다.

부모는 과거의 익숙한 생각과 결별하고 새로운 미래를 기대하기 위해 다른 시각을 가져야 한다. 시대가 바뀌고 아이들도 하루가 다르게 변화하고 있는 이때, 부모만 예전의 생각과 습관을 고집한다면 안타까운 일이 생길 수밖에 없다.

같이 근무하던 후배 교사는 딸이 중학생 때 사이가 좋지 못했다. 주말이 되면 엄청 짧은 치마를 입고 화장까지 하고 외출하는 딸의 모습을 보고 처음에는 소리를 질렀다고 한다.

"너 옷이 그게 뭐야! 저 화장한 것 좀 봐! 너 미쳤니?"

그러나 딸은 아빠의 잔소리에도 아랑곳없이 자신이 하고 싶은 대로만 했다고 한다. 그 때문에 아빠와 아이의 사이는 계속 벌어졌지만 엄마는 달랐다. 아이가 의상과 미용에 관심이 많다고 생각하고 이를 긍정적으로 받아들여 둘 사이를 조율해주었다고 한다. 지금 이 아이는 패션 디자이너의 꿈을 가지고 학업에 몰두하고 있다.

불과 몇 해 전만 해도 중학생이 화장품을 가지고 다니면 소위 '노는 애'로 여기고 심지어 전학까지 시킨 학교도 있었다. 하지만 지금은 초등학교 5학년생만 돼도 화장품을 가지고 다니는 여학생이 많다. 공부 잘하는 학생이라고 예외가 아니다. 호주머니에 빗과 거울을 넣고 다니며 수시로 머리를 빗질하는 아이가 품행이 나쁘다는 선입견은 버리는 것이 좋다. 그 행동이 '옳다', '그르다' 이전에 아이들 문화가 달라지고 있음을 이해하는 부모가 되어야 한다. 그래야 아이와 대화가 되고 좀 더 바람직한 방향으로 이끌 수 있다.

　부모의 생각이 다 옳을 수는 없다. 아이를 사랑한다면 부모가 먼저 변화를 수용하자.

선 밖으로
칠해도 **괜찮아**

어릴 때 하얀 도화지에 그림을 그리고 색칠하는 것을 좋아했다. 요즘처럼 다양한 미술 도구가 없던 시절이라 12색 크레파스 한 통만 생겨도 온 세상을 얻은 듯 기뻐했다. 조금 힘주어 그리다가 크레파스가 부러지기라도 하면 마치 손가락이라도 다친 것처럼 안타까웠다. 그나마 부러진 조각도 보물처럼 아끼고 버리는 법이 없었다.

가장 기다리던 미술 시간. 코끼리, 토끼, 원숭이, 사자 등을 그리고 조금이라도 선 밖으로 색칠하지 않도록 온 신경을 쏟지만 늘 삐끗해 그림을 망치곤 했다. 그럴 때마다 마치 커다란 실패를 한 것 같아 얼마나 마음이 상했는지 모른다. 크레파스는 두께가 두꺼워서 색칠하기가 쉽지 않은데도 말이다.

"그려놓은 선 밖으로 색칠하지 않도록 해라!"

초등학교 1학년 때 선생님이 하던 말씀을 나도 우리 반 아이들에게 자주 했다. 수채화를 그릴 때도 마찬가지다. 선생님도 아이들도 모두 선 밖으로 색칠하지 않은 아이에게 최우수상이나 우수상이 돌아가는 것을 알고 있다. 아이들은 선생님이 만들어낸 기준에 어긋나지 않기 위해서 온 힘을 다한다.

그런데 선 밖으로 색칠하면 안 된다는 고정관념을 깬 사람이 있다. 바로 미국의 추상표현주의 화가인 잭슨 폴록이다. 잭슨은 커다란 캔버스 위로 물감을 흘리고, 끼얹고, 쏟아 부으면서 몸 전체로 그림을 그리는 '액션 페인팅' 기법을 선보인 화가로 유명하다. 추상표현주의 미술의 선구자이며 20세기 문화를 대표하는 아이콘으로 세계 화단에 큰 영향을 끼쳤다.

잭슨 폴록은 '선'이라는 한계 없이 사고의 강물을 넘나들며 생각나는 대로, 그리고 싶은 대로 그려서 작품을 창조했다. 이전의 화가들과는 전혀 다른 기법으로 새로운 그림 그리기를 시도한 것이다. 폴록은 캔버스를 벽에 세우는 대신 바닥에 눕히고 페인트통과 붓을 들고 캔버스 안으로 들어가 내면의 움직임에 따라 기쁨이나 슬픔, 놀람, 분노 등을 마음껏 표현했다.

누군가 만들어낸 기준이나 여태까지 해온 관습에 얽매이지 않는다면 새로운 길이 보인다. 내가 보는 것, 듣는 것, 아는 것이 틀릴 수도 있다. 기존에 있던 틀을 나만의 방식으로 깨면 그 방면의 유일한 사람이 된다.

두터운 고정관념과 편견의 사슬을 깨뜨리지 않고서는 발전도 성장도 없다. 이 과정이 바로 관점의 이동이다. 관점은 삶의 방향을 잡아주는 조타수와도 같다. 조타수가 어떻게 하느냐에 따라 가는 방향뿐 아니라 도착 지점도 달라진다.

당연한 것에 의문을 품기 시작하면 고정관념의 틀이 무너진다. 눈앞에서 벌어지고 있는 현상에 아무 문제 제기도 하지 않고 그대로 받아들이면 어떤 일이 발생할까?

STORY ─────────────────────────────

어느 마을에 한 낚시꾼이 살았다. 그는 늘 강에서 물고기를 한 마리씩 낚아 올렸다. 보통은 크기가 10센티미터나 20센티미터쯤 되는 물고기를 잡았다. 그는 막 낚아 올린 싱싱한 물고기를 도마에 올려놓고 회를 쳐서 먹는 것을 좋아했다. 어느 날 30센티미터나 되는 커다란 물고기가 낚싯줄에 걸렸다. 그런데 낚시꾼은 그 물고기를 놓아주는 것이었다. 옆에서 같이 낚시하던 사람이 물었다.

"왜 그 큰 물고기를 놓아줍니까?"

"아, 예. 우리 집에 있는 도마 길이가 20센티미터라서 이 물고기는 회를 칠

수가 없어서요."

낚시꾼은 자신이 항상 사용하던 도마보다 더 큰 것이 얼마든지 있다는 사실을 알지 못했을까? 아니면 20센티미터 도마에 익숙해져서 더 큰 도마로 바꿀 생각조차 못했던 것일까? 분명한 점은 옆에서 낚시하던 사람처럼 "왜 큰 물고기를 놓아주어야 하나?"라는 질문만 스스로에게 해보았다면 이 낚시꾼의 사고의 폭은 더 넓어졌을 것이라는 사실이다.

부모는 낚시꾼처럼 좁은 틀에서 자녀를 키우며 30센티미터 이상 크게 자랄 아이의 성장을 가로막고 있는 것은 아닌지 항상 돌아보아야 한다.

자녀를 키우다 보면 남보다 늦되다고 생각되는 아이가 있다. 머리가 나쁘다고 의심될 정도로 공부를 잘 못하는 아이도 있다. 하지만 그랬던 아이라도 어른이 되어서 재능을 한껏 발휘한 사람이 많다. 〈생각하는 사람〉으로 유명한 조각가 로댕도 그중 한 명이다.

STORY

로댕의 아버지는 주위 사람에게 항상 이렇게 말했다고 한다.

"나는 바보천치 아들을 두었어."

로댕은 학교에서 가장 열등한 아이로 미술학교도 세 번이나 떨어졌다. 로댕이 장차 뛰어난 재능을 발휘할 것이라고는 아무도 생각하지 못했다. 하지만 로댕은 역사에 남을 천재적인 조각가가 되었다. 그러나 어렸을 때 상처 받은 자존감으로 인해 성인이 되어서도 우울증을 겪고 결국 건강까지 악화되는 경험을 한다.

로댕의 아버지는 편견을 가지고 눈앞에 있는 로댕의 바보 같은 모습만 보았다. 아이에게는 어른의 눈으로는 볼 수 없는 무한한 가능성이 숨겨져 있다. 사고의 폭을 넓히고 시야를 미래까지 확장한다면, 한순간만 보고 '바보천치 같은 아들'이라고 낙담하며 아이에게 상처를 주지 않았을 것이다.

선 밖으로 색칠하면 안 된다는 고정관념을 깨고 자신만의 모습으로 세상을 마음껏 색칠하게 하자. 부모가 사고의 틀을 깨야 아이가 더 크게 성장한다.

직선적 사고와 **입체적 사고**

직선적 사고와 입체적 사고의 차이는 무엇일까?

인간은 태생적으로 직선적 사고를 한다. 'A'라는 입력이 있으면 반드시 'B'라는 출력을 기대하는 직선적 사고는 과학뿐 아니라 우리의 삶 구석구석에 배어 있다. 그런데 요즘은 이런 직선적인 사고보다는 입체적인 사고가 강조된다. 입체적인 사고는 사물이나 상황을 복합적인 시선으로 바라보는 것을 말한다. 여러 방향, 다양한 높낮이에서 생각하기 때문에 새로운 가능성과 만날 수 있고, 좀 더 전체적으로 판단할 수 있다.

몇 년 전 인상적인 자동차 광고를 보았다. 자동차 광고 하면 보통

성능이나 디자인에 초점을 맞추는 등 제품이 중심이 되는데 거기서는 자동차를 전면으로 등장시키지 않았다. 대신 비가 내리는 도심 풍경과 빗물을 맞고 있는 선루프가 내내 화면을 가득 채우며 나지막이 서정적인 내레이션이 흐른다.

비 오는 날엔

시동을 끄고

30초만 늦게

내려볼 것.

이 광고는 소비자의 감성을 자극하여 효과를 톡톡히 봤다고 한다. 만약 이 자동차 광고가 속도감과 안정감, 연비 등에만 신경을 썼다면 직선적인 사고를 우선시했다고 볼 수 있다. 하지만 눈에 보이는 직선적인 판매 전략을 숨기고 멋진 분위기의 이 차를 사고 싶다는 소비자의 감성을 이끌어낸 광고라는 점에서 입체적 사고의 전형을 볼 수 있다.

입체적 사고를 보여주는 예는 이외에도 참으로 많다.

어떤 마을에 여섯 명의 시각장애인이 살았다. 어느 날, 코끼리가 그들의 앞을 지나게 되었다. 코끼리를 처음 만난 시각장애인들은 무엇인지 알아보기 위해 각각 코끼리의 귀, 코, 다리, 옆구리, 상아, 꼬리를 만졌다. 그리고 여섯 명의 시각장애인들은 각자 자신이 만지고 느낀 대로 코끼리를 커다란 부채, 뱀, 둥글고 높은 나무, 벽, 날카로운 창, 밧줄 같다고 주장했다.

부분만 본다면 그들의 말은 모두 맞다. 하지만 진짜 코끼리는 부분들을 모두 합쳐야 한다. 그렇다면 그들이 진짜 코끼리를 알 방법은 없는 걸까? 시각장애인들이 서로의 생각을 인정하고 받아들였다면 어떨까? 부채 같은 귀, 뱀처럼 기다란 코, 둥글고 높은 나무 같은 다리, 벽처럼 단단하고 커다란 몸통, 날카로운 창 같은 상아, 밧줄 같은 꼬리를 가진 동물이 코끼리라고 말이다. 이것이 바로 '입체적 사고'이다.

또 다른 사례로 '라과디아의 명재판'이 있다. 뉴욕에는 세 개의 공항이 있는데 그중 하나가 '라과디아 공항'이다. 이는 세 번이나 뉴욕 시장을 지낸 피오렐로 라과디아를 기리기 위해 붙인 이름이라고 한다.

라과디아가 뉴욕의 시장이 되기 전 판사로 있었을 때의 일이다. 어느 날 재판정 안으로 힘없고 지쳐 보이는 노인 한 분이 들어왔다.

"당신은 무슨 죄 때문에 이렇게 재판정에 오게 되었습니까?"

"네, 저는 빵 한 조각을 훔쳤습니다."

"빵은 왜 훔쳤습니까?"

"저에게는 손자가 한 명 있는데 그 손자에게 줄 빵이 모두 떨어졌습니다. 돈을 벌고 싶었지만 나이가 많고 힘이 없다는 이유로 어느 곳에서도 저를 필요로 하지 않았습니다. 배고파하며 울고 있는 손자의 모습을 보니 어쩔 수 없이……."

노인은 눈물을 흘리면서 그간의 사정을 이야기했다. 라과디아 판사는 판결을 내렸다.

"할아버지, 법은 법입니다. 제게는 법을 지킬 의무가 있습니다. 할아버지께 10달러의 벌금형을 내리겠습니다. 그리고 할아버지로 하여금 죄를 짓게 한 저를 비롯해 이 도시에 사는 사람들에게도 벌금형을 내리겠습니다. 따라서 저는 10달러, 그리고 이 재판정에 참석하신 여러분은 모두 50센트씩 내시기 바랍니다."

라과디아 판사가 빵 한 조각을 훔친 할아버지의 죄만 보고 재판을 하여 10달러의 벌금형을 내렸다면 이는 직선적 사고라고 할 수 있다. 하지만 판사는 할아버지가 손자에게 주기 위해 어쩔 수 없이 빵을 훔쳤으며, 어려운 이웃을 외면하여 할아버지로 하여금 이런 죄를 짓게 한 이 사회의 모두에게 책임이 있다는 것을 깨달았다. 이처럼 다른 사람의 처지에서 새로운 관점으로 접근하는 것이 바로 '입체적 사고'이다.

이제까지 나의 시각과 다른 방향으로 볼 수 있는 유연한 관점, 즉 입체적 사고를 하면 사물과 사람의 다른 모습을 만나게 되고 그 안에서 새로운 가능성을 발견할 수 있다. 부모도 입체적 사고를 해야 한다. 한 예로 아이의 시험 성적이 기대에 못 미쳤을 때 부모는 두 가지 반응을 할 것이다.

"50점밖에 못 받았네? 너 커서 뭐가 되려고 그러니?"

직선적 사고만 하는 부모는 단순히 점수 하나로 아이의 미래까지 부정적으로 단정한다.

"괜찮아! 시험 성적이 인생의 전부는 아니란다. 어떤 부분이 어려웠는지 같이 볼까?"

입체적 사고를 하는 부모는 이처럼 점수 자체보다 더 나아져가는 과정에서 의미를 찾는다. 혹여 아이가 상처를 받을까 '괜찮다'고 다독이고, 같이 원인을 분석하여 발전하는 방법을 찾으려 노력한다. 입체적 사고의 관점으로 아이를 바라보면 산만한 아이는 호기심이 많고 창의력이 뛰어난 영재가 된다. 고집이 센 아이는 의지가 강하고 자기 주장을 잘하는 리더가 된다. 신경질적인 아이는 감수성이 예민하고 감정이 풍부한 예술가가 된다.

이와 같이 입체적 사고는 행동 하나, 결과 하나가 아니라 여러 각도에서 아이를 보기 때문에 좀 더 새로운 가능성을 도출하게 한다. 부모는 입체적 사고를 해야 한다. 아이를 바라볼 때 통합적인 시선으로 보면 희망과 꿈을 주는 부모가 될 수 있다. 입체적 사고는 부모뿐만 아니라 아이의 인생을 빛내주는 파노라마와 같다.

차라리 **자녀를 울려라**

헬리콥터맘 helicopter mom이라는 말이 있다. 아이들이 성장해 대학에 들어가거나 사회생활을 하게 되어도 헬리콥터처럼 아이 주변을 맴돌면서 온갖 일에 다 참견하는 엄마를 일컫는 신조어다. 우리나라 교육 현장에서는 엄마들의 뜨거운 교육열을 가장 잘 나타내주는 치맛바람이라는 단어가 있다. 치맛자락을 야단스레 움직이며 자녀의 일에 적극 나서는 어머니를 빗댄 용어다.

또 캥거루족이라는 말도 있다. 학교를 졸업해 자립할 나이가 되었는데도 취직을 하지 않거나, 취직을 해도 독립적으로 생활하지 않고 부모에게 경제적으로 의존하는 젊은이들을 일컫는 용어다. 이는 우리나라뿐 아니라 세계 각국에서 다양한 형태로 나타난다. 프랑스에서는 독립할 나이가 된 아들을 집에서 내보내려는 부모와 아들 사이의 갈등을 코믹하게 그린 영화 〈탕기Tanguy〉의 제목을 그대로 따서 탕기라고 부른다. 이탈리아에서는 어머니가 해주는 음식에 집착한다고 맘모네mammone, 영국에서는 부모의 퇴직연금을 축내는 키퍼스kippers, 캐나다에서는 직장 없이 이리저리 떠돌다 집으로 돌아와 생활하기에 부메랑 키즈boomerang kids라고 한다.

어릴 때부터 원하는 모든 것을 챙겨주고 의존적으로 기른 부모의 자녀 양육방식이 결국 헬리콥터맘이나 캥거루족이라는 말을 만들어내었다.

동화 속의 라푼젤도 마찬가지다. 라푼젤은 18년 동안 인적이 없는 숲 속의 높은 탑 안에서만 갇혀 산다. 계단은 물론 출입문도 없고 오직 꼭대기에 작은 창문 하나만 있을 뿐이다. 라푼젤은 성인이 되자 '저 새처럼 자유롭게 날고 싶다'는 마음이 간절하지만 세상으로 나갈 방법을 모른다. 단 한 번도 바깥세상으로 나가본 적이 없었기 때문이다.

탑 안의 라푼젤처럼 부모 품에서 과보호를 받아 혼자 살아갈 방법을 모르는 젊은이가 늘고 있다. 잘 아는 선생님 한 분은 장차 교사가 될 교육대학 학생이 교생실습을 하는 학교의 부장이다. 그 선생님은 작년에 황당한 일을 당했다고 한다. 교생실습 후에는 담당 지도 교사가 교생의 학습 지도 방식, 근무 태도 등을 평가한다. 당연히 그 평가는 해당 교육대학 교수에게 통보되고 학점에 반영이 된다. 그래서 교생들은 매우 예의바르고 성실하게 실습에 임한다. 그런데 한 교생은 선배 교사에게 인사할 줄 모르고 동료 교생과 전혀 협동이 되지 않았다고 한다. 결국 실습 후 평가에서 나쁜 점수를 받았다. 문제는 실습이 끝나고 얼마 후 이 교생의 엄마가 부장 선생님의 학교에 찾아와 항의를 했다는 점이다.

비단 대학생에게만 있는 일이 아니다. 우리 교실에서도 비슷한 일이 생겼다. 아침 수업 전 연구실에 다녀오니 교실 분위기가 어수선했다. 다른 아이가 신발주머니를 감추어놓았다고 남자아이 둘이 티격태격하다 한 아이가 울고 있었다. 아이는 엄마에게 전화를 했다고 말하며 분을 삭이지 못하고 씩씩거렸다.

아직 초등학교 5학년 학생이니 있을 법한 일이라고 생각할 수도 있지만, 문제는 습관적 의존성이다. 혼자 해결하려니 자신이 없고 힘이 들기 때문에 가장 가깝고 부르면 늘 금방 달려오는 엄마에게 기대는 것이다. 부모의 불안에서 비롯된 지나친 헌신이 자녀의 홀로서기를 힘겹게 만든다. 부모가 일일이 다 해주었기 때문에 혼자서 세상을 헤쳐 나가는 방법을 터득하지 못해 두렵기 때문이다.

물론 엄마들의 불안은 오래된 본능이라고 한다. 하지만 예전보다 불안의 강도가 심해졌다. 그 이유를 오은영은《불안한 엄마 무관심한 아빠》에서 이렇게 적었다.

지금 엄마들은 옛날보다 훨씬 많이 배우고, 많은 책과 정보를 접해서 더
나은(?) 육아기술은 알고 있지만 자신의 육아방식에 대한 확신이 없다. 아
이를 대하는 매 순간 걱정하고 불안해한다. 그래서 엄마 자신도 육아 스트
레스나 우울증이 많아지고, 아이들 또한 옛날 아이들보다 우울증이나 스
트레스가 많아졌다.

한마디로 부모의 교육 철학이 무엇보다 중요하다는 지적이다. 아
이가 말도 안 되는 생떼를 쓰거나 자신이 할 수 있는 일을 단지 하기
싫다는 이유로, 힘들다는 이유로 도움을 요청할 때 어떻게 하느냐고
묻는 엄마가 있다. 나는 간단하게 대답한다.

"차라리 아이를 그냥 울리세요."

10분이면 걸어갈 거리를 차 태워달라고 보챈다면 지각을 하든 말
든 내버려두어야 한다. 처음에는 빨리 달래보고 싶은 조급증이 생기
더라도 말이다. 사실 우리 집은 과하다 싶을 정도로 매사에 아이가
스스로 하도록 하는 편이다.

"이 세상을 혼자 힘으로 살아가는 법을 익혀야 한다."

남편은 늘 아이들에게 이런 말을 하며 가능한 한 도움 주는 것을 피하고 스스로 하도록 했다. 버스로 통학하던 두 아이는 종종 늦게 일어나 지각할 때가 있었다. 가끔은 자가용으로 데려다줄 법한데 시간이 있어도 거의 그런 적이 없었다. 방학 중에 내가 자율학습에 몇 번 태워준 것이 전부다.

아이들도 '지각하면 태워주겠지' 하던 생각이 빗나가자 차츰 늦게 일어나도 아예 그런 말을 하지 않고 서둘러 집을 나섰다. 아이들이 다른 집 부모와 비교하며 서운하다는 말을 한 적도 많았다. 하지만 그렇게 독립심을 키운 아이들은 무슨 일이든 스스로 잘 해내는 편이다.

간혹 자신이 '못다 이룬 꿈', 즉 자신의 콤플렉스에 집착하는 부모가 자녀에게 과도한 지원과 기대를 하는 경향이 있다. 자신이 미처 이루지 못한 꿈을 자녀에게 요구하며 지나친 간섭을 한다. 또 그에 못지않게 과도한 지원을 한다. 아이에게 부담이 될 정도로 과잉집착하고 남보다 뛰어나도록 채근하는 모습이 혹시 내 열등감에서 비롯된 것은 아닌지 돌아보아야 한다.

이런 부모 아래서 자란 아이는 모든 결정을 엄마에게 의존하는 소위 마마걸, 마마보이가 될 수 있다. 자아가 제대로 발달되지 않아 스스로 판단하고 결정하기를 주저한다. 이들은 자라면서 자기를 마음대로 조종하려는 부모가 싫어 굉장한 분노를 보이지만 결국 부모 곁을 떠나지 못한다. 스스로 라면을 끓여먹기는커녕 조금이라도 자신의 비위에 어긋나면 소리를 지르는 유아 수준을 벗어나지 못한다.

그런데 문제는 이런 부모들은 자신의 아이가 마마보이나 마마걸임을 잘 모른다. 마냥 어리고 귀여워서 무엇이든 어른인 자신이 다 해주어야 한다고만 여긴다.

과연 그럴까? 아이들은 고유한 잠재력과 개성을 타고난다. 부모가 자신의 색안경에 맞춰 아이에게 초록색 안경을 끼라고 강요한다면 그보다 괴로운 일은 없다. 먼저 아이에게 어떤 색을 원하는지 물어보라. 또 어느 색이 아이에게 어울리는지 객관적으로 조언해주면 아이가 자신만의 안경을 선택하는 데 도움이 된다. 아이 스스로 선택하고 결정하면 책임감을 더 느끼게 된다. 아이의 결정이 부모 마음에 들지 않더라도 존중해주고 아이 스스로 능동적으로 해나가도록 돕자.

어릴 때부터 부모가 앞서서 아이의 손과 발이 되어주어 아이가 편하게 하는 일에 익숙해지면 자라서도 부모에게 의지하는 게 습관이 된다.

언젠가 KBS 프로그램 〈아침마당〉에 출연한 한 교수님의 이야기는 부모에게 많은 교훈을 준다. 그 교수님은 대학 입시 면접날 웃지 못할 경험을 했다고 한다. 면접 시간에 한 학생이 지각을 해서 그 이유를 물었더니 "저희 엄마가 면접 시간을 잘못 알았어요"라고 대답했단다. 입시생에게 대학 면접처럼 중요한 일이 또 있을까? 스스로 면접 시간을 체크하지 않았고 또 늦은 상황에서 자신의 책임마저 회피하다니. 과연 그 학생이 스스로 할 수 있는 일이 있을까?

부모는 아이가 어리더라도 어떤 일을 대신 해주고, 대신 결정하는 일을 신중하게 생각할 필요가 있다. 하다못해 '흰 우유'를 먹을 건지 '딸기 우유'를 먹을 건지도 아이가 결정하도록 해야 한다. 스스로 할 수 있는 일을 엄마에게 부탁한다면 아이가 울더라도 단호하게 거절하자. 유치원 가방을 드는 것부터 시작해서 옷을 입고 양말을 신는 일도 마찬가지이다. 숙제와 준비물의 경우는 함께 알림장을 보고 혼자 할 수 있는 정도라면 스스로 하게 두어야 한다. 아이가 미처 준비해 가지 못해 선생님께 혼이 난다 해도 책임감과 독립심을 일찍 키워줄 수 있어 유익하다. 다 자란 아이가 부모 곁에서 응석받이로 남는 난감한 일을 겪지 않으려면 말이다. 차라리 아이를 울려라.

정답이 아니라
자신만의 답을 찾게 하라

시험에 자기 생각을 써보라는 서술형 문제를 낼 때가 있다. 학생들은 이런 문제를 가장 어려워한다. 또 국어책에서 줄거리를 읽고 느낀 점을 적은 후 자신의 의견을 발표하라고 하면 묵묵부답인 경우가 많다. 아이들은 객관식이거나 정답이 똑 떨어지는 문제를 선호한다. 그 아래에는 자신의 생각이 정답이 아닐 수도 있다는 불안감과 다른 친구가 나를 어떻게 생각할까 하는 두려움이 깔려 있다. 의견을 말하라고 할 때 '가만히 있으면 중간은 간다'는 마음이 지배적이라 남의 눈치만 보기 바쁘다.

탁월한 암기력, 정답을 귀신처럼 알아맞히는 능력, 단답형 지식을 재빨리 답하는 것으로 아이를 우등생과 열등생으로 나눠 경쟁시키는 우리의 교육 현실이 안타깝다. 매일 반복되는 톱니바퀴의 틀에서 아이의 창조성과 천재성이 마모되는 것 같아서이다.

2010년 EBS의 〈세계의 교육 현장〉이라는 프로그램에서 '세계의 지도자를 키워내는 유대인 교육법'에 대한 내용이 방영된 적이 있다. 그중에 히브리 스쿨에서 질문과 토론의 방법으로 수업하는 내용을 발췌해보았다.

교   사: 히브리 어를 왜 배우니?

학생 1: 우리 역사와 종교를 이해하는 데 도움이 되니까요.

학생 2: 제 미래를 위해서 필요해요.

학생 3: 우리는 토라(유대인 성경)를 읽는데요, 히브리 어를 알면 도움이 돼요.

학생 4: 제 성인식을 준비하려면 히브리 어를 알아야 해요.

학생 5: 우리 문화에 대해서 다른 사람과 토론하기 위해서요.

유대인 속담 중에 "백 명의 유대인이 있다면 백 개의 의견이 있다"는 말이 있다. 유대인 부모는 아이가 남과 똑같은 답을 찾기보다 스스로 생각하여 자신만의 답을 찾도록 한다. 그들은 아이의 궁금증에 즉각 답을 알려주지 않고 다양한 시각에서 생각해보도록 질문에 질문을 한다. 이런 과정은 남들과 다른, 자신만의 새로운 답을 얻을 때까지 되풀이된다. 그래서 유대인 아이들은 내 의견이 다른 아이들과 다르다고 해서 부끄러워하지 않는다.

사실 누구에게나 적용되는 정답은 존재하지 않는다. 그럼에도 우리는 정답의 노예로 살고 있다. 정답 이외는 모두 틀렸다는 고정관념을 과감히 벗어던져야 한다. 그래야만 우리 내면에 숨어 있는 열정이 살아 숨 쉬고 가능성의 날갯짓을 할 수 있다.

요즘은 길거리에서 슬리퍼를 신고 다니는 고등학생을 심심찮게 보게 된다. 내 막내아들도 고등학교 여름방학 보충수업 때 슬리퍼를 신고 학교에 가려고 해 깜짝 놀라 심하게 야단친 적이 있다.

그러자 아들은 아무렇지도 않게 대답하는 것이었다.

"엄마! 애들 다 슬리퍼 신고 다녀. 이게 편해!"

"학생이 슬리퍼를 질질 끌고 다니면 안 되지! 불량해 보이잖아, 불편하고."

엄마의 야단에도 불구하고 운동화로 갈아 신지 않고 그대로 나가는 아들을 보며 마음이 몹시도 언짢았다. 아들은 밤늦게까지 자율학습을 하는데 슬리퍼가 더 시원해 좋다고 했다. 나는 그때까지 막연히 슬리퍼를 신고 다니는 아이는 불량아라고 여겼다. 하지만 돌이

켜 생각하니 '그럴 수도 있겠구나'라며 내 고정관념이 깨지기 시작했다. 또 요즘 여학생을 보면 화장에 짧은 교복 치마가 몸에 딱 달라붙을 정도로 하고 다니는 게 예삿일이 되어버렸다. 우리 때만 해도 치마는 무릎 위 5센티미터라는 기준이 있었다. 그래서 매일 아침 등굣길 교문 앞에는 30센티미터 자를 들고 아이들의 치마 길이를 단속하던 선생님이 있었다. 하지만 요즘은 그렇지 않다. 시대가 바뀌니 모든 것이 달라진다. 내가 정답이라고 여겼던 것들이 때론 정답이 아니게 될 때도 있다. 정답의 기준도 시대와 상황에 따라 바뀐다는 것을 인지해야 한다.

나는 엄마로서 아이가 할 일 없이 빈둥대는 것을 참고 보지 못했다. 시간이 나면 책을 읽거나 공부하는 것이 정답이고, 빈둥대는 것은 틀렸다고 생각했다. 그러던 어느 날 우연히 장자의 글을 만났다.

"걸어가는데 내가 발을 딛는 땅만이 유용하다고 말할 수 있겠는가? 발을 딛는 만큼만 땅이 있고 나머지 땅이 없다면, 즉 디딜 자리만 땅이고 나머지가 허공이라면 과연 사람이 걸을 수 있겠는가?"

이 글을 읽고 공부하고 책 읽는 시간만이 정답이 아니라 때로는 빈둥대는 시간도 답이 될 수 있음을 인정할 수밖에 없었다. 소설 《데미안》에도 "새는 알에서 나오려고 투쟁한다. 알은 새의 세계다. 태어나려고 하는 자는 하나의 세계를 깨뜨려야 한다"라는 구절이 있다. 부모가 아이와 새로운 세계를 만나려면 고정관념을 깨뜨려야 한다.

자신이 경험하고 알고 있는 것만이 정답이라는 생각이 바로 고정관념이다. 내가 생각하는 답이 틀릴 수도 있다는 것을 인정해야 한다.

정답이 아니라 자신만의 답을 찾을 수 있는 아이로 키워라. 누구에게나 똑같이 적용되는 인생의 정답은 존재하지 않는다. 각기 다른 상황에서 최선의 답이 있을 뿐이다. 남들이 가니까 따라가는 삶이 아니라 아이 스스로 계획하고 실행하여 최선의 해답을 거머쥘 수 있는 '나다운' 길을 찾도록 아이를 격려해야 한다.

긍정의 눈으로
아이를 보라

실수해도 괜찮아

"넌 만날 아는 걸 틀리니?"

"문제를 끝까지 읽어보란 말이야."

시험지를 받아 온 아이에게 한번쯤은 꼭 하게 되는 말이다. 아이들은 '아닌'이라는 글자에 친절하게 밑줄까지 있는데도 당당하게 맞는 것을 고르는 실수를 허다하게 반복한다.

다음에 같은 실수를 하지 않도록 하는 방법은 무엇일까? 호된 꾸지람과 질책일까? 다르게 생각해보면 아이가 실수하는 것은 당연한데도 부모가 '실수하면 절대 안 돼'라는 고정관념으로만 바라본 것은 아닐까?

새로운 것에 도전하면 많은 실수를 하게 된다. 아이일수록 이런 실수를 할 기회가 많다. 그런데 부모가 아이에게 실수를 부끄러워하고 자책하게 만든다면 아이는 점점 도전 자체를 할 생각조차 하지 못하게 된다.

나도 초보 엄마 시절에는 아이의 실수를 꼭 짚고 넘어갔다. 지금 생각하면 우리 아이들이 작은 실수에도 엄마의 추궁에 전전긍긍하며 얼마나 마음이 움츠러들었을까 싶다.

생각해보라, 어릴 적 시험에서 한두 번 틀린 이후로 절대 잊어버리지 않게 된 지식이 얼마나 많은가? 맞은 것보다 틀린 게 더 기억이 나지 않는가. 이렇게 우리는 수많은 실수를 반복하며 소중한 경험과 지식을 쌓는다.

아이가 실수할 때마다 재판관처럼 판결을 내리고 야단을 치면 아이는 주눅이 들고 실수를 두려워하게 된다. 하지만 '누구나 실수할 수 있다'는 객관적인 사실을 말해주면 아이는 안심을 하고, 실수를 두려워하지 않고 다시 도전하게 된다.

실수를 어떻게 바라보느냐, 즉 실수를 바라보는 관점에 따라 성공을 부를 수도, 실패를 부를 수도 있다. 이는 자신을 어떻게 바라보느냐는 자존감으로 이어져 행복한 삶을 살아가는 중요한 요소로 작용하기도 한다. 대다수 아이는 실수를 부끄럽게 생각하고 쉽게 포기하는 경향이 있다. 아이가 실수하고 낙심할 때 그 실수를 보는 관점을 바꾸어주어야 한다. 반복되는 아이의 실수를 무조건 용납하라는 말이 아니다. 어떻게 그런 결과가 생겼는지 다시 한 번 생각하고 이해를 기반으로 바라보며 근본에서부터 문제를 고치려 해야 한다. 시험 볼 때마다 같은 실수를 저지르는 아이에게 이렇게 말해보는 건 어떨까?

"왜 이 답을 선택했는지 말해줄 수 있니?"

"이건 네가 아는 문제인데 실수로 틀려서 속상하겠다."

"다음번에 똑같은 문제가 나왔을 때 절대 실수하지 않으려면 어떻게 해야 할까?"

살면서 우리는 정말 많은 실수를 한다. 어른이라도 완벽하지 않다. 사소한 말실수를 비롯하여 설거지를 하다 아끼는 그릇을 깰 수도 있다. 때로는 가스불을 켜놓고 외출하여 불을 낼 뻔하기도 하고 약속시간을 잘못 알고 중요한 일을 그르치기도 한다. 어른도 이런데 왜 아이의 실수에 관대하지 못하는가?

물론 아이가 같은 실수를 반복하는 것은 꼭 고쳐주어야 한다. 잘못된 습관으로 고착화될 수 있기 때문이다. '내가 왜 이런 실수를 했을까'라는 의문을 품고 다음번엔 같은 실수를 하지 않도록 노력하게끔 도와주자. 실수 안에 숨겨진 교훈을 찾아내는 노력도 필요하다. 그러면 한 번의 실수가 그 어떤 성공보다 더 소중한 경험이 될 수 있다.

이제 막 걸음마를 시작한 아이는 수시로 넘어진다. 그런 아이에게 왜 넘어졌냐고 추궁하는 부모는 없다. 한 걸음 옮길 때마다 박수를 쳐준다. 그런 과정을 거치지 않으면 아이가 걸을 수 없음을 알기 때문이다.

STORY

1885년, 미국 애틀랜타의 약사 존 S. 팸버턴은 코카의 잎과 콜라의 열매로 흥분 작용을 하는 건강 음료를 만들었다. 이것이 미국 최초의 코카콜라인데 처음에는 판매 실적이 저조했다. 그러던 어느 날 두통이 심한 환자가 와서 약을 지어달라고 했다.

점원은 약을 만들면서 실수로 코카콜라에 물 대신 소다수를 넣었고 환자는 맛있다며 마셨는데 두통도 금세 멈추었다고 한다. 팸버턴은 즉시 이 건강 음료에 소다수를 넣어 '신경계통에 만병통치약'이라는 광고 문구를 달아 팔기 시작했다. 그 후 코카콜라는 폭발적인 인기를 끌며 세계적인 음료가 되었다.

유대인은 어릴 때부터 실수를 겁내지 않고 자란다. 부모가 '창조는 시행착오를 거듭하면서 만들어진다'는 사실을 알고 아이가 실수를 긍정적으로 받아들일 환경을 만들어주었기 때문이다. 성공한 모든 사람에게 물어보라. 실수 하나 없이 그 자리에 오른 사람은 없다.

케임브리지의 켈빈 교수는 실수에 대해 이렇게 말했다.

"실수 그 자체는 전혀 두려워할 대상이 아니다. 우리가 정말 두려워해야 할 대상은 아무 의미 없는 실수이다."

실수를 '당연한 것'으로 여기지 않고 무엇이 실수인지 생각하는 순간, 새로운 관점을 갖게 된다. 바로 이 시점에서 '관점의 전환'이 일어나며 이때의 실수는 경험이 된다. 하지만 관점의 전환이 없는 실수는 무의미하게 사라진다.

잭 웰치의 어머니
말더듬이가 세계 최고 기업의 회장이 되다

다국적 기업 GE제너럴 일렉트릭, General Electric Company 의 회장을 지낸 경영인 잭 웰치는 퇴임할 때까지 '경영의 달인', '세기의 경영인' 등으로 불리며 1,700 여 건의 기업 인수 합병을 성사시킨 미국의 대표적인 기업인이다.

1935년 매사추세츠 피바디에서 태어나 일리노이 대학에서 화공학 박사 학위를 받은 그는 1960년에 GE에 입사하며 사회생활을 시작했다. 수년 동안 자신만의 독특한 방식으로 승진을 거듭한 그는 레그 존스 회장에게 발탁되어 1981년에 GE의 최연소 회장이 되었다. 그는 뉴욕의 피에르 호텔에 모인 월스트리트의 애널리스트 앞에 서서 'GE를 세계에서 가장 경쟁력 있는 기업으로 만들겠다'고 자신있게 발표했다.

곧 '고쳐라, 매각하라, 폐쇄하라'는 공격적인 전략을 통해 하위 10퍼센트 사람들이 회사를 그만두게 하는 방식으로 회사를 운영해 '중성자탄 잭'이라는 별명을 얻었다. 그리고 6시그마, 세계화, e비즈니스 등의 전략으로 혁신을 거듭하며 GE를 세계 최고의 기업으로 우뚝 서게 하였다.

잭 웰치는 비즈니스 역사상 가장 많이 회자되고 폭넓게 모방되고 있는 경영자 중의 한 사람이다. 다른 무엇보다 인재 관리에 온 힘을 기울였던 잭 웰치는 20만 명이 넘는 사원이 한 방향으로 달리며 열정을 쏟아 붓게 만들었다. 그 결과 GE는 매일 아침 눈을 뜨면 번뜩이는 아이디어를 찾아 열심히 일하는 사람들로 가득 찬, 진정한 능력 중심주의 회사로 거듭났다.

이런 잭 웰치도 어릴 때는 심한 말더듬증으로 사람들의 눈총을 받았다고 한다. 그와 관련해 유명한 참치 샌드위치 일화가 있다. 어느 날, 참치 샌드위치를 사러 간 잭 웰치는 샌드위치를 한 개만 주문하려고 했다. 그런데 말을 더듬어 튜나tuna를 투 튜나Two Tuna라고 발음해 샌드위치를 두 개나 사고 말았다.

그는 종종 말더듬증 때문에 실수를 했고, 그럴 때마다 자신감을 잃고 낙담을 했다. 하지만 잭 웰치의 어머니는 그런 아들을 격려하며 자신감을 심어주었다.

"네가 너무 똑똑하기 때문에 그런 거야. 너처럼 똑똑한 아이의 머리를 혀가 따라오지 못해서 그래."

어머니의 격려로 잭 웰치는 자신감을 가질 수 있었다. 아들이 말을 더듬을 때 '말 좀 똑바로 할 수 없니?'라고 다그쳤다면 열등감에 시달리고 스트레스를 받아 오히려 증상이 더 심각해졌을 것이다. 당연히 자신감 있는 기업인으로 성공하지도 못했을 것이다.

어머니에게 큰 지혜를 얻은 잭 웰치는 훗날 이를 자신의 경영 신념으로 마음속 깊이 새겼다.

'어떤 사람이 실수했을 때 처벌은 최후의 수단이 되어야 한다. 가장 필요한 것은 격려와 자신감이다. 누군가가 좌절하고 있을 때 그를 더욱 꾸짖는 것은 가장 나쁜 행동이다.'

잭 웰치의 어머니에 대한 일화는 이 외에도 많다. 잭 웰치의 성적표에는 어쩌다 한 번 A가 있고 나머지는 모두 B, C, D였다고 한다. 어머니는 B, C, D에 대해선 아무 말도 하지 않고, 오직 A만 언급하면서 "A 받았구나? A가 있는 것을 보니 네가 관심을 안 기울여서 그렇지 네게는 모두 다 A를 받을 실력이 있는 거야"라며 웰치에게 용기를 북돋아주었다.

그뿐만이 아니었다. 잭 웰치가 하키팀 주장을 맡고 있었을 때의 일이다. 그는 한 경기에서 주장답게 두 골을 넣었고 이길 줄 알았다. 하지만 막판에 두 골을 허용해 연장전까지 갔고 결국 패하고 말았다. 경기가 끝나자 잭 웰치는 분노를 못 이겨 하키 스틱을 내던졌다. 그러자 어머니는 아들을 크게 꾸짖었다.

"패배를 인정하지 못하면 무엇을 하든 멋지게 승리하는 법도 알지 못하는 거다."

잭 웰치의 어머니는 패배를 인정하고 다시 시작하는 법도 가르쳤다. 이렇게 지혜롭고 현명한 어머니 밑에서 자란 잭 웰치는 수많은 위기와 변화의 소용돌이 속에서도 흔들림 없이 앞으로 나아갈 수 있었다.

잭 웰치의 어머니는 훌륭한 교육자였다. 인생을 당당하게 살아가는 법, 당근과 채찍을 이용해 동기를 부여하는 법, 목표를 높게 잡고 집중력을 발휘해서 성취하는 법 등을 삶 속에서 몸소 실천하며 가르쳤다. 아들이 말을 더듬는 습관을 지녔음에도 끊임없는 용기와 격려로 자신감을 심어주었으며, 패배를 인정하고 멋지게 승리하는 방법을 깨닫게 해주어 세계 최고의 경영자로 우뚝 서게 했다.

긍정의 생각이
긍정의 영향을 만든다

STORY

20세기 최고 갑부 강철왕 카네기의 사무실에는 한 폭의 그림이 걸려 있었다. 황량한 모래사장에 한쪽으로 기울어 박힌 낡은 나룻배 한 척과 노 하나만이 덩그렇게 놓여 있는 초라한 풍경화였다. 그런데 카네기는 이 그림을 무척 아꼈다고 한다.

카네기는 스코틀랜드의 던펌린 출신으로 가난 때문에 미국으로 이민을 와야 했다. 그의 아버지는 직조공이었고 어머니는 남의 빨래를 하거나 구둣방의 잡일을 도와주면서 하루 16시간씩 일을 했다. 소년 카네기는 셔츠가 한 벌밖에 없어서 그의 어머니는 매일 저녁 카네기가 잠들면 셔츠를 빨아 이튿날 다시 입혀주었다. 카네기에게 학벌이라곤 초등학교를 4년간 다닌 게 전부였다.

춥고 배고팠던 청년 시절, 카네기는 우연히 이 그림을 보고 그 자리에서 얼어붙고 말았다. 바로 그림 속 나룻배 밑에 화가가 적어놓은 짧은 글귀 때문이었다.

"반드시 밀물이 밀려오리라. 그날 나는 바다로 나아가리라."

그는 한 치의 앞도 보이지 않는 절망의 나날에도 언젠가는 밀물이 밀려오리라 믿으며 희망의 끈을 놓지 않았다고 한다. 그리고 가난을 날려버리겠다는 신념 하나로 미국 전체 철강 생산량의 25퍼센트를 차지하는 거대 기업을 일구었다. 카네기는 세계적인 부호가 되자 어려운 시절 자신에게 희망을 주었던 이 그림을 비싼 값에 사들였다. 그 후 자신의 이름을 딴 재단을 만들어 그동안 모은 재산으로 교육 사업과 자선 활동을 펼쳤다.

'반드시 밀물이 밀려오리라'는 긍정의 생각과 '그날 나는 바다로 나아가리라'는 추진의 말을 마음속에 품은 카네기는 결국 자기 생각대로 꿈을 이루었다.

보는 사람의 관점에 따라 똑같은 상황을 놓고도 '긍정의 생각'을 하기도 하고 '부정의 생각'을 하기도 한다. 여기 A와 B, 두 아이가 있다고 하자. 학교 기말시험에서 두 아이는 똑같이 한 개씩 틀려 95점을 받았다. A는 백 점을 맞을 수 있었는데 실수로 한 개 틀렸다고 울고불고 난리를 친다. 하지만 B는 한 개밖에 안 틀렸다고 기쁨의 환호성을 지른다. 누가 더 행복할까?

긍정적인 생각을 하는 사람은 한 걸음 더 발전하고 타인에게도 좋은 영향을 미친다. 부정적인 생각을 하는 사람은 자신뿐만 아니라 다른 사람에게까지 불평 바이러스를 퍼뜨리고 좋지 않은 평판을 자처하게 된다.

"긍정의 생각은 긍정을 부르고 부정의 생각은 부정을 부른다"는 말이 있다. 긍정적인 생각을 하게 되면 좋은 예감과 함께 가능성의 꽃을 활짝 피우지만 부정적인 생각은 반대의 결과를 낳게 된다.

아인슈타인은 아홉 살이 될 때까지 말이 서투른 아이였다. 담임선생님이 "이 아이는 어느 한 분야에서도 성공할 가능성이 없습니다"라고 냉혹한 평가를 할 정도였다. 하지만 그의 어머니는 아들에게 결코 부정적인 말을 하지 않았다.

"아들아, 너에게는 남다른 재능이 있기 때문에 나중에 훌륭한 사람이 될 거야."

아들이 힘들어할 때마다 어머니는 끊임없이 격려하며 힘을 북돋아주었고, 결국 아인슈타인은 1921년 노벨 물리학상을 받게 되었다. 어머니의 긍정적인 말과 믿음이 아들을 크게 성장시킨 것이다.

가끔 뉴스에 나오는 끔찍한 살인이나 강도 사건에 연루된 사람의 과거를 보면 거의 어릴 때 부모와의 관계가 좋지 않았다. 부모에게서 칭찬보다 야단이나 비난 등 부정적인 말을 많이 들어 자존감이 낮아졌고 그게 뇌에 각인된 아이는 커서도 결국 부정적인 행동을 하게 된 것이다.

뇌 과학자인 서울대학교 서유헌 교수는 EBS〈아이의 사생활〉촬영 당시 인터뷰에서 이런 말을 했다.

긍정적인 생각은 신경회로를 활짝 열고 새로운 회로를 만듭니다. 하지만 불만스럽고 부정적인 생각은 신경회로 간의 흐름을 방해하거나 억제하죠. 즉 긍정적이고 낙관적인 사고는 두뇌 건강에 좋은 영향을 주는 반면 부정적, 비관적 사고는 뇌의 성장을 방해합니다. 기분이 좋은 상태, 잘될 것 같다는 생각 등은 대뇌세포에 신선한 자극이 되고 신경전달물질의 분비도 원활하게 만듭니다.

서유헌 교수는 뇌가 우리의 온몸과 신경을 지배하는데 거기에는 1,000억여 개의 신경세포가 있어 각종 신경전달물질을 관장하는 사령부 역할을 한다고 했다. 신경전달물질은 세포 간의 정보 전달을 담당하는데 이중 도파민, 세로토닌, 엔도르핀 등은 긍정적인 사고방식과 성공 에너지를 불러온다고 알려져 있다. 특히 도파민은 창조, 열정, 쾌감과 관련된 것으로 절정 체험의 근원이다. 세로토닌은 '행복 호르몬'이라고도 하는데 우리의 심신을 안정시켜준다. 반면 엔도르핀은 '모르핀보다 100배 강한 마약'이라고 불리는데 스트레스가 극심한, 어려운 상황을 이겨낼 힘을 준다.

만일 이런 신경전달물질이 제대로 나오지 않으면 뇌의 명령체계가 부분적으로 망가지고 우울증이나 자폐증 같은 신경정신계 질환을 앓을 수도 있다고 한다. 그런데 긍정적 사고가 신경전달물질의 분비를 원활하게 한다니, 긍정적 사고가 긍정적 호르몬을 불러오고 또 이 호르몬이 우리를 더욱 행복하게 하는 선순환의 고리가 생겨나는 것이다.

"네가 하는 일이 다 그렇지 뭐."

"네 앞날이 뻔하다, 쯧쯧."

혹시 부지불식간에 아이에게 이런 부정적인 말을 쉽게 내뱉고 있지는 않은가 점검해보자. 부모의 부정적인 말은 아이의 마음에 큰 상처를 주고 자존감의 싹을 자른다. 아무리 부족한 아이라도 잘하는 것이 있기 마련이다. 부모가 아이를 보는 관점의 각도를 살짝 바꾸면 숨겨진 장점이 보인다.

"나는 너를 믿는다."

"네가 무엇을 하든 나는 너를 응원할게."

이렇게 부모의 전폭적인 지지를 받은 아이는 자존감이 높고 아무리 어려운 일이라도 도전해보려 하는 용기와 자신감을 갖게 된다. 아이가 부정적인 생각으로 불행한 인생을 사느냐, 긍정적인 생각으로 행복한 인생을 사느냐는 부모의 말에 달려 있다고 해도 과언이 아니다. 긍정의 생각을 가지고 아이에게 힘과 용기를 주는 부모가 최고의 부모이다.

어릴 때부터 차곡차곡 쌓아왔던 정서는 환경이 바뀐다고 하루아침에 변하지 않는다. 여태까지 그릇 밑바닥에 가라앉은 더러운 찌꺼기를 씻어내기 위해서는 그보다 몇 배의 깨끗한 물을 쏟아부어야 한다. 아이 안에 깊숙이 가라앉은 부정적인 감정을 긍정적으로 바꾸기 위해서는 지금부터라도 부모의 전폭적인 지지와 격려, 사랑의 말이 필요하다. 무엇보다 긍정적인 생각을 가지고 아이를 바라보는 관점이 먼저이다.

아이가 긍정적인 생각을 하게 만드는 부모의 말

1 칭찬의 말

- 정말 잘했어!
- 대단한걸!
- 네가 자랑스러워!
- 넌 최고야!
- 너무 훌륭해!
- 해낼 줄 알았어!

2 용기와 격려의 말

- 넌 잘할 수 있어!
- 한번 해보는 거야.
- 너를 응원할게!
- 난 널 믿어!
- 겁먹을 거 없어!
- 넌 정말 용기 있는 아이야!
- 어려워도 최선을 다 해보자!
- 난 항상 네 편이야!
- 다음에는 꼭 해낼 수 있을 거야!
- 누구나 할 수 있는 거야!

3 사랑을 표현하는 말

- 지금의 너를 사랑해!
- 눈에 넣어도 안 아픈 내 아이야!
- 넌 나의 가장 빛나는 보물이야!
- 내 아이로 태어나줘서 고마워.
- 누굴 닮아 이리 예쁘지.
- 네가 있어 정말 행복해!
- 내가 너를 얼마나 사랑하는지 아니?
- 하늘만큼 땅만큼 사랑해.
- 넌 엄마의 기쁨이야.
- 항상 널 위해 기도해.

아인슈타인의 부모
둔재에서 천재 물리학자가 되다

지금으로부터 약 130년 전 독일에서 태어난 아인슈타인은 세 살이 되도록 말을 하지 못했다. 초등학교에 들어가서도 모든 면에서 너무 느릴 뿐 아니라 노는 것만 좋아했다. 중학생이 됐는데도 수업 태도가 산만하고 불성실해 선생님들로부터 많은 핀잔을 들어야 했던 아인슈타인에게 학교생활은 꽤 힘들었다. 특히나 아이들끼리 비교하기를 좋아하는 교사들은 그를 '아둔패기'라며 멸시했고, 심지어 다른 아이들이 공부하는 데 방해가 되니 등교하지 않는 편이 좋겠다고까지 말했다. 아인슈타인은 한마디로 열등생이었다.

아인슈타인은 또래 아이들보다 훨씬 뒤떨어졌지만 어머니의 생각은 선생님들의 평가와는 달랐다.

"우리 아이는 무엇이든 할 수 있습니다. 아인슈타인은 그것을 증명해 보일 겁니다."

그의 어머니는 아인슈타인의 동생에게 "너는 츠바이슈타인이야!"라는 말을 곧잘 했다. 아인슈타인의 '아인'은 독일어로 '1'을 뜻하는 '아인ein'과 발음이 같고, '츠바이zwei'는 '2'를 뜻한다. '너는 아인슈타인 다음으로 머리가 좋다'라는 뜻의 농담이었다. 하지만 그 말에는 아이들을 획일적이 아니라 개성에 따라 가르치겠다는 유대인 어머니의 철학이 담겨 있었다.

한 번은 아인슈타인과 어머니가 친구 가족들과 함께 강가로 놀러 나갔는데 다른 아이들이 이리저리 뛰어다니는 동안 아인슈타인은 멍하니 강만 바라보고 있었다. 그러자 어머니의 친구가 말했다.

"왜 아인슈타인은 놀지 않고 멍하니 강물만 쳐다보고 있니? 혹시 정신적으로 문제가 있는 것은 아니니?"

아인슈타인의 어머니는 단호하게 대답했다.

"너는 아인슈타인이 멍하니 강물만 쳐다보고 있다고 생각하니? 아니야, 내 아들은 지금 깊이 사색하는 중이야. 틀림없이 훌륭한 학자가 될 거야."

아버지 역시 아이들의 교육에 적극적으로 관여했다. 늘 자녀들과 대화하며 아낌없는 칭찬과 격려를 해주었다.

열여섯 살이 되던 어느 날, 아버지는 강으로 낚시하러 가기 위해 짐을 꾸리던 아들을 방으로 불렀다.

"아버지가 말이야, 어제 옆집 잭 아저씨하고 아랫동네 저택의 굴뚝을 청소하러 갔단다. 그 집 굴뚝을 안에 있는 사다리를 통해 올라가며 청소했는데 잭 아저씨가 먼저 가고 내가 나중에 올라갔지. 청소를 마치고 다시 내려와 보니 잭 아저씨는 얼굴과 온몸이 시커매졌는데 나는 깨끗한 편이었단다."

"그래서요?"

아인슈타인은 더 바짝 다가앉으며 물었다. 아버지는 미소를 지으며 말을 이었다.

"그때 나는 잭 아저씨를 보고 내 얼굴도 시커멀 거라고 생각했단다. 그래서 강에 가서 몇 번이나 얼굴을 씻었지. 그런데 잭 아저씨는 나를 보고 자신도 깨끗하다고 생각해서 씻지 않은 거야. 우리가 거리로 나갔을 때 사람들이 잭 아저씨를 보고 배꼽 빠지게 웃었단다."

아인슈타인도 웃음을 참을 수가 없었다. 같이 웃던 아버지는 아들이 웃음을 그치기를 기다린 후 말했다.

"얘야, 이 세상에 너의 거울이 되어줄 사람은 아무도 없단다. 오직 자신만이 스스로의 거울이 될 수 있지. 다른 사람을 거울로 삼는다면 바보도 자신을 천재로 오해할 수 있단다."

집에서 고전 문학을 즐겨 낭독할 정도로 고전 마니아인 아버지와 나눈 이 대화는 아인슈타인에게 큰 깨달음을 주었다. 또한 아인슈타인도 아버지의 영향을 받아 인문 고전을 사랑했는데 열다섯 살에 이미 유클리드, 뉴턴, 스피노자의 작품을 독파했다

1916년, 아인슈타인은 '상대성 이론'을 발표하였다. 이는 20세기에 나온 가장 유명한 과학 이론으로 당시 과학계에 지배적이던 갈릴레이나 뉴턴의 학설을 뒤흔들었고 시간과 공간의 개념마저 바꾸어놓았다. 특히 질량과 에너지의 등가성 발견은 원자폭탄의 가능성을 미리 예견하는 것이었다. 이론물리학의 발전에 이바지한 그는 1921년 노벨 물리학상을 받았다.

아인슈타인 부모도 다른 유대인 부모와 마찬가지로 머리 회전이 늦고 비사교적인 아들을 남과 비교하지 않았다. 선생님조차 "너는 학교에 나오지 않는 것이 좋겠다"라고 할 때도 아들을 끝까지 믿고 격려했다. 남들이 손가락질할 때도 아들을 야단치거나 희망을 버리지 않았다.

아들이 재능을 찾을 때까지 말없이 기다려주고 격려해준 부모 덕분에 아인슈타인은 노벨상까지 타는 세계적인 물리학자가 되었다.

부모가 아들의 부족함을 탓하고 낙심했다면 아인슈타인은 자신이 좋아하는 분야에서 탁월한 성과를 내기 힘들었을 것이다. 이는 끝까지 믿고 지지해준 부모가 있었기에 가능했다. 부모의 아낌없는 칭찬과 격려는 아이의 잠재력을 최대한 끌어 올려주는 원동력이다.

산만한 아이는
창의성이 있다

요즘 아이들은 학교와 학원을 오가며 꽉 짜인 스케줄을 소화해내느라 놀아야 할 시기에 제대로 놀지 못한다. 기껏해야 틈이 생기면 '손안'의 장난감인 스마트폰 게임에 열중하는 것이 고작이다. 이런 아이들을 운동장에 데리고 나가 맘껏 놀아보라고 하면 어찌할 바를 모른다고 한다. 정해진 규칙과 지시에만 익숙한 아이들은 능동적으로 노는 방법조차 생각해내지 못한다.

아이들이 이처럼 '잘 놀 줄 모르는' 이유는 스마트폰의 갑작스러운 등장 때문이기도 하지만 가만히 앉아서 영어 단어를 외우거나 문제집 푸는 것만 시키려드는 부모의 역할도 크게 한몫하고 있다. 우리는 책상 앞에 앉아 있는 아이를 모범생이라고 추켜세우고 호기심이 많아 천방지축 여기저기 기웃거리는 아이는 '산만하다'고 낙인찍는다. 선생님이 통지표에 적은 '주의가 산만하고……'라는 문구가 모범생을 뜻하지 않는 것도 분명하다.

하지만 아이의 산만한 행동 가운데 번뜩이는 창의성이 존재한다. 통지표에 적힌 다음의 문구를 긍정의 시각으로 재해석해보자.

주의가 산만하여 수업시간에 제자리에 앉아 있지를 못하고 자주 짝과 잡담을 합니다.

→ 호기심이 왕성하여 매사에 열정적이고 토론을 일상화합니다.

그렇지만 많은 부모가 획일적으로 만들어놓은 기준에 어긋난다는 이유만으로, 세상이 만들어놓은 틀을 벗어났다고 '산만한 아이'를 문제아로 낙인찍는다. 이런 오류를 범하지 않기 위해서는 아이를 긍정의 눈으로 바라보아야 한다. 부모가 모난 돌을 인정하지 않는 한 자유롭고 독창적인 아이가 설 자리는 없다.

미국의 뇌 과학자 그레고리 번스는 《상식파괴자》라는 책에서 '창조'를 기존 틀과 통념을 무너뜨리는 일종의 파괴 행위라고 했다. 그런

만큼 창조적 사고를 하기란 쉽지 않다. 우선 인간의 뇌는 익숙한 걸 좋아하고 낯선 것을 싫어한다. 그래서 이른바 범생이처럼 시키는 대로 하는 아이를 '착하다'고 인정하고, 규칙을 어기거나 제멋대로인 아이는 버릇없고 산만한 아이로 낙인찍는다.

아이폰과 아이패드로 IT의 역사를 새로 쓴 애플의 최고 경영자였던 스티브 잡스를 기억할 것이다. 잡스는 남다른 아이디어를 대중에게 선보인 상식파괴자로 디지털 시대의 새로운 문화를 만들었고 IT 발전의 거대한 흐름을 주도한 인물이었다. 하지만 어린 잡스는 총명했지만 다소 산만한 아이였다고 한다. 새벽잠이 없어서 언제나 일찍 일어나 부산하게 돌아다녔다. 교육심리학자들은 이런 아이를 과잉행동아라고 부르는데, 이런 성향은 잡스의 평생을 통해 드러났다. 그는 또 학교보다 동네 차고에서 엔지니어 아저씨들과 노는 것을 좋아했고 자기중심적이어서 다른 아이들과 잘 어울리지 못했다고 한다.

잡스의 말썽꾸러기 성향과 고집은 학교생활에서도 마찬가지였다. 영악할 정도로 머리가 좋았던 잡스는 시간 낭비라고 생각하는 숙제는 손도 대지 않았고, 품행은 불량했으며, 선생님들에게 자주 대드는가 하면, 교실에서 폭발물을 터뜨리고, 뱀을 풀어놓는 행동도 서슴지 않았다고 한다.

스티브 잡스의 어린 시절 모습은 우리가 원하는 '모범생'이 아니었다. 하지만 그렇기 때문에 그의 창의성이 꽃을 피우게 되었다. 우리가 고정관념의 틀을 깨지 못하면 스티브 잡스와 같은 아이에게 '모난 돌이 정 맞는다'라고 하며 창의성의 싹을 짓밟으려 할지 모른다.

스티브 잡스는 어릴 때 '기술'이 세상을 바꿀 수 있다고 믿었다. 그러나 자라면서 '기술'이 아닌 '대담한 상상력'이 세상을 바꿀 수 있다고 생각이 바뀌었다.

"나는 우주에 영향력을 끼치는 사람이 되고 싶어요. 우리는 거대한 우주에 아주 조그만 변화를 주기 위해 존재합니다. 그렇지 않다면 우리의 존재 이유는 없습니다."

그는 이런 생각으로 끊임없이 창조적인 발상에 몰두했다. 창의력이 풍부한 아이는 호기심이 많고 엉뚱하며 늘 특이한 생각과 새로움을 추구하는 특징이 있다. 이때 부모의 역할이 중요하다. 새롭고 엉뚱한 생각을 '쓸데없는 것'이라고 제한해버리면 창의력까지 죽어버린다.

작년 5학년 담임을 할 때이다.

매주 금요일에는 아침 독서 시간이 있다. 그런데 책가방은 있는데 서너 명의 남자아이들 자리가 비어 있었다. 등교한 지 벌써 10분이 지난 시간이었다. 불안한 마음이 점점 커지고 있는데 창문 너머로 웅성거리는 소리가 들렸다.

"어디에 갔다 이제 오니?"

나는 아이들을 보자마자 다짜고짜 질문했다.

"과학 시간에 선생님이 작은 생물 실험을 한다고 해서 이거 잡아왔어요."

아이들 손에는 거미가 붙은 나뭇가지와 개미가 들어 있는 종이컵이 들려 있었다. 나는 아이들이 독서 시간에 늦게 들어온 것에 화가 났었으나 개미와 거미를 잡아왔다는 희열감으로 충만한 얼굴을 보니 미소만 지어졌다. 쉬는 시간마다 남자아이들은 개미와 거미에게 집을 만들어준다고 종이컵에 구멍을 뚫고 상자를 조립하느라 정신이 없다. 뚜껑은 스카치테이프로 봉해서 곤충이 잘 보이게 하고 책상 위에 놓아둔 채 공부하다가도 들여다보곤 했다. 아무리 창문 옆에 갖다놓으라고 해도 소용이 없다. 자칫 엉뚱하고 산만하다고 야단을 칠수 있는 상황이었으나 아이들은 나름대로 호기심이 발동한 것이다.

그렇지만 수업을 방해 받은 선생님의 입장에서는 그날 하루가 참 힘들었다. 공부 못하고 산만한 아이는 선생님께 사랑 받기 힘든 것이 사실이다. 교사도 아이의 창의성을 존중해주어야 함은 잘 알지만, 과중한 수업과 업무 처리만으로도 고된 선생님의 입장에서 엉뚱한 행동을 하는 아이가 때론 눈엣가시처럼 보이기도 한다. 물론 그러지 않으려고 끊임없이 노력하지만 말이다.

학교의 교실 안은 많은 아이들이 공동으로 공부하고 생활하는 공간이므로 개별적인 특성이나 행동을 무조건 다 받아줄 수 없는 게 현실이다. 하지만 가정은 내 아이에게만 집중하고 아이의 특징을 충분히 배려할 수 있다. 그래서 가정은 아이의 창의력과 상상력을 키워주고 지켜주는 마지막 보루가 되어야 한다. 부모는 아이가 호기심을 가질 때 귀찮아서 무시하거나 무안을 주는 말과 행동을 해서는 안 된다. 아이의 호기심을 끝까지 지켜줘야 한다.

킨슬로 박사는 "생각은 물건처럼 짓누르면 마음속에 갇혀버린다"라고 말했다. 산만한 아이는 쓸데없이 돌아다니는 아이가 아니라 이것저것 궁금한 것이 많은 아이다. 산만한 아이를 다른 눈으로 보자. 우리의 관점을 바꾸면, 아이의 마음속에 꿈틀거리는 창의적인 생각을 볼 수 있다. 아이의 창의적 욕망이 용암처럼 분출되도록 고정관념의 막힌 분화구를 뚫어야 한다.

아이의 창의력을 키워주는 방법

첫째, 아이의 사소한 질문에도 성의껏 대답하자

에디슨이 어릴 때 학교 수업을 방해할 만큼 질문을 했던 것처럼 모든 것은 '쓸데 없는 질문'에서 시작한다. 다소 엉뚱하더라도 부모가 아는 만큼 최선을 다해 설 명해주자.

둘째, 토론할 수 있는 환경을 만들어주자

창의적인 아이로 키우고 싶다면 가정에서 질문과 토론하는 환경을 만들어주어야 한다. 유대인은 집에서 어릴 때부터 대화를 많이 하고 자신의 생각을 분명하게 말 하도록 가르친다. 그런 유대인 교육은 자신만의 특별한 능력을 이끌어내고 있다.

셋째, 생뚱맞은 말과 행동도 칭찬해주자

아이가 "왜 비가 와?", "하나님이 눈물을 흘리시나 봐", "나침반은 왜 항상 북쪽 을 가리키지?"라는 다소 생뚱맞은 말을 해도 "참 좋은 생각이구나!"라고 칭찬해 주어야 한다. 그리고 답을 같이 찾아보려고 노력하면 아이의 창의력은 쑥쑥 자 라게 된다.

김기창 화백의 어머니
청각장애아에서 한국 화단의 거목이 되다

운보 김기창은 미술에 조금이라도 관심이 있는 사람이라면 누구나 아는 이름이다. 베토벤처럼 아무것도 들을 수 없었던 화가, 그러나 그는 만 원짜리 지폐의 세종대왕을 그린 분이기도 하다.

1914년 서울에서 태어난 김기창은 일곱 살 때 학교에 들어갔다. 하지만 입학한 지 얼마 되지 않아 장티푸스를 심하게 앓아 청각을 잃게 되었고, 학교까지 그만두게 되었다. 한때 학교 선생님이었던 운보의 어머니는 그런 아들을 보며 '내 아들을 무지렁뱅이 장애인으로 키우지 않겠다'는 강한 각오를 다지며 어디를 가든 항상 데리고 다녔다.

이듬해, 운보는 주변의 도움으로 다시 학교에 다니게 되었지만 선생님의 수업을 알아들을 수 없었다. 한글을 떼기 전에 청각장애인이 되었기에 글을 읽을 수 없었다. 운보의 어머니는 그런 아들을 보고 무엇보다 먼저 글부터 가르쳐주어야겠다고 생각했다. 그리고 많은 고민과 연구를 거듭해 방법을 찾아냈다. 다행히 운보는 학교에 다니기 전 한자를 어느 정도 배웠다고 한다. 그래서 어머니는 한글과 한자, 그림을 결합시켜 아이에게 글을 가르쳤다. 먼저 사람이 걸어가고 그 옆으로 개가 지나가고 있는 그림을 그렸다. 그 위에 '가'라는 글자를 써놓음으로써, 그 글자는 '가咁'가 아니라 '간다'라는 뜻임을 알게 해주었다. '간다'를 '가'로 쓴다는 것을 알게 되자 아들의 이해력은 속도를 내기 시작했다. 비록 수업을 따라가기는 힘들었지만《집 없는 아이》,《소공자》,《삼총사》등을 읽을 수 있게 되었고, 학교도 무사히 마치게 되었다.

그렇게 학교를 졸업했지만 어머니의 걱정은 더 커져만 갔다. 장애아의 몸으로 상급학교에 진학하기가 어려웠고, 들어간다고 해도 어떻게 적응을 할지 막막했다. 정상아도 새로운 환경을 접하면 잘해낼까 걱정이 앞서는데 김기창 어머니의 마음은 얼마나 힘들고 답답했을까.

학교를 다닐 때 운보는 선생님의 말을 알아들을 수 없는 지루한 수업 시간을 견디려고 책이나 공책에 아무렇게나 낙서를 하곤 했다. 그 그림을 유심히 들여다본 운보의 어머니는 곰곰이 생각했다.

'그래 비록 듣지는 못해도 손으로 그림을 그리고 볼 수는 있잖아. 아들이 그림에 남다른 소질이 있는 것 같아.'

운보의 아버지는 아들을 목수로 키우려고 했지만 어머니는 아들의 취미와 특기를 살려주려 애를 썼다. 아들이 열일곱 살이 되던 어느 가을, 운보의 어머니는 당시 임금님의 초상화를 그리는 어진御眞 화가 이당 김은호 선생을 찾아갔다.

어머니는 이당 선생에게 아들이 그림에 대한 열정이 대단하다며 제자로 받아달라고 간곡히 부탁했다. 이당 선생은 한참 동안 운보를 바라보다가 고개를 끄덕였다. 어머니의 얼굴은 감사와 기쁨으로 환해졌다.

김은호 선생은 훗날 "운보를 보자마자 봉황새가 내 집으로 걸어 들어오는 것 같았다"고 술회했다. 그 후 운보는 이당 화백에게 지도를 받아 1931년 〈널 뛰는 그림〉이 조선예술전람회에서 입선하는 기쁨을 얻었다. 운보가 화가로서 빛을 발하기 시작한 것이다. 1937년, 스물넷이 된 운보는 제16회 '선전'에 할머니의 옛날 이야기를 듣는 아이들을 담은 〈고담古談〉을 출품하여 최고상인 '창덕궁상'을 받았다. 계속해서 〈군마도〉, 〈바보 산수〉 등으로 한국화의 새로운 경지를 개척하며 우리나라의 대표 화가로 성장했다.

그의 삶을 더욱 아름답게 한 것은 박애 정신의 실천이다. 한국농아복지회장, 한국청각장애인 복지회 창립, 충북 청원의 장애인 시설 '운보의 공방' 개원 등이 그의 발자취를 말해준다.

그가 한국 화단의 거목으로 성공하게 된 원동력은 장애에 가려진 아들의 재능을 눈여겨본 어머니의 눈이었다.

"아들의 운명이 목수라면 나는 그 운명을 바꾸어놓고 말겠다. 비록 청각장애인이지만 아들이 가진 그림에 대한 재능을 키워, 반드시 그를 화단의 거목으로 만들 것이다!"

어머니가 아들의 재능을 발견하지 못했다면 김기창은 어떤 삶을 살았을까? '장애는 불편하다, 하지만 불행하지는 않다'고 헬렌 켈러는 말했다. 김기창의 어머니 또한 '장애는 불행하다'는 편견을 버리고 아들의 미래를 어떻게 디자인할 수 있을까 생각하며 관점을 이동시킨 것이 놀라운 결과를 가져왔다. 자칫 자학과 불행의 늪에서 허우적거리며 살 수도 있었던 아들을 재능을 발휘해 행복하게 그림을 그리는 화가가 되게 도왔을 뿐 아니라 다른 수많은 장애인에게 희망을 주는 본보기로 만들었다.

운보는 어머니에 대한 고마움을 여러 번 표현했다.

"내게 어머니가 없었다면 오늘의 나는 있을 수가 없을 것입니다. 정상적으로 성장할 수 없었을 것입니다. 어머니의 인내 기도가 청각장애아를 유명한 화가로 만드셨던 것입니다. 김기창 화백은 그 어머니의 기도에 감사, 감사하고 있습니다."

남들이 못 보는 것을 보고 새로운 물꼬를 터준 김기창 어머니는 아들의 미래를 디자인하고 브랜드화한 위대한 경영자였다.

단점을 다르게 보면
장점이 된다

이 세상 모든 것은 '양면 거울'과 같다. 즉 부정과 긍정, 장점과 단점이 있다. 날씨가 좋은 날도 있고 흐리고 궂은 날도 있다. 그런데 어느 쪽을 바라보는가에 따라 운명이 달라진다.

STORY

1991년 일본의 아오모리 현. 일본 최대의 사과 생산지이기도 한 이곳에 엄청난 태풍이 몰아쳐서 마을 전체가 쑥대밭이 되었다. 수확을 앞둔 사과의 90퍼센트가 소실될 정도로 농가의 피해가 컸다. 마을 사람들은 망연자실한 얼굴로 하늘을 원망하며 '망했다'고 한탄할 뿐, 어떻게 손을 쓸 엄두도

내지 못했다. 그런데 한 농부가 이렇게 말했다.

"우리에게는 아직 떨어지지 않은 10퍼센트의 사과가 있잖아."

그 말을 들은 사람들은 의아해져 되물었다.

"그걸로 어쩌려고?"

그러자 그 농부가 말했다.

"이 사과를 '시험에 절대 떨어지지 않는 사과'로 이름 붙여 팔면 어떨까? 예를 들면 수험생에게 시험에서 떨어지지 않게 해주는 '합격 사과'로 파는 거야."

원래 사과는 박스 단위 포장이 일반적이었지만, 아오모리 사람들은 살아남은 사과가 얼마 안 되니까 한 개씩 낱개 포장을 했다. 그리고 재미있고 감성적인 문구를 덧붙였다.

'초강력 태풍에도 떨어지지 않았던 바로 그 사과! 내 인생에 어떤 시련이 몰아친다 해도 나를 떨어지지 않게 해줄 그 사과, 합격 사과.'

더욱 놀라운 것은 원래 사과 한 개에 1,000원이라면 이 합격 사과는 무려 열 배나 비싼 1만 원으로 책정해 팔아 태풍으로 생긴 모든 손실을 만회했다는 점이다.

이미 많은 이들이 잘 알고 있는 이 이야기를 통해 나는 아오모리현의 성공담을 논하고자 하는 것이 아니다. 바로 단점도 장점으로 바꾸는 관점의 전환에 대해 말하고 싶다. 과수원에 널려 있는 90퍼센트의 낙과를 보고 주저앉지 않고 10퍼센트의 남은 사과를 최대한의 가치까지 끌어올린 비결은 다르게 바라보는 시각의 전환 하나뿐이었다. 홍옥, 부사, 골드 등의 품종만 알던 우리에게 '합격 사과'라는 새로운 감성의 세계를 보여준 것이 놀랍다.

이처럼 우리가 처한 상황을 조금만 다르게 보아도 새로운 전환점이 생긴다. 사람도 마찬가지다. 누구에게나 장단점이 있다. 사람마다 차이가 있겠지만 완벽하게 장점만 가졌거나 단점만 가진 사람은 없다. 만약 잘하지 못하는 것이 있다면 실망하지 말고 나름대로 잘하는 것을 먼저 찾아보아야 한다. 발전 가능성이 큰 장점은 내버려두고 단점만 보완하려 한다면 오히려 이것도 저것도 아닌 어정쩡한, 개성이 없는 사람이 될 수도 있다.

다음의 짧은 우화를 살펴보자.

STORY ────────────────────────────────

어느 날 숲 속에 사는 동물들이 모여 회의를 해 학교를 열기로 했다. 숲 속에는 토끼, 새, 다람쥐, 두더지, 물고기, 뱀장어 등이 살고 있었는데 이들이 이사회를 구성했다.

토끼는 교과 과정에 '달리기'를 넣어야 한다고 주장했다. 새들은 '날기' 과목이 있어야 한다고 강조했다. 물고기는 '수영', 다람쥐는 '나무 타기'가 필수적으로 들어가야 한다고 소리 높였다. 그래서 동물들은 공평하게 모든 것을 교과 과정에 넣기로 합의했다. 결국 동물들은 달리기, 날기, 수영, 나무 타기 등 전 과목을 배워야 했다.

토끼는 달리기는 자신 있었지만, 나무 타기에서는 고전을 면치 못했다. 그러던 어느 날 토끼는 나무 타기를 하다가 미끄러져 다리를 다쳐 달리기조차 제대로 할 수 없는 지경이 되었다. 그래서 달리기에서는 '미'를 나무 타기에서는 '가'를 받았다. 새는 날기 과목에서는 뛰어난 소질을 보였지만 땅 파기 과목에서는 낙제했다. 게다가 땅파기 수업에서 여기저기 다쳐 날개와 부리에 생채기가 났다. 그래서 새는 날기 과목에서조차 '미'를 땅파기에서는 '가'를 받게 되었다. 또한 새에게 나무 타기 과목은 정말 괴로운 시간이었다. 그리하여 학교를 졸업할 때 모든 과목에서 겨우 중간을 유지한 뱀장어가 수석을 차지했다.

토끼는 달리기를, 새는 날기, 다람쥐는 나무 타기, 물고기는 수영을 잘한다. 모두 저마다의 강점과 약점을 가지고 있다. 그런데도 획일적으로 모든 과목을 배워 다 잘하기를 바란다면 잘하던 것마저 제대로 하지 못하게 된다. 아이도 저마다 잘하는 것을 더 잘할 수 있게 해준다면 각자의 분야에서 최고가 될 수 있을 것이다.

"노래만 잘하면 뭐해? 공부도 잘해야지."

"이해를 빨리 하지 못하고 왜 그렇게 느리니, 답답하게."

그런데도 우리나라 부모들은 이렇게 자녀의 장점보다 단점에 집중하는 경향이 있다. 아이가 아주 어릴 때는 조금 부족하더라도 이해하려고 노력하지만 점점 클수록 칭찬과 격려는 줄어든다. 오히려 단점이나 약점을 크게 인식하고 더 잘하라고 잔소리만 늘어놓는 경우가 많다. 모든 아이는 장단점을 동시에 가지고 있다. 다만 부모가 어느 쪽에 시선을 두느냐에 따라 장단점이 빛을 발할 수도 있고 평범하게 묻힐 수도 있다.

부모가 세상에서 가장 사랑하는 존재는 다름 아닌 내 아이이다. 그런데 부모에게 왜 아이의 장점보다 단점이 먼저 눈에 들어올까? 그 이유는 다음 세 가지이다.

첫째, 부모의 눈높이가 높기 때문이다. 아이의 수준이 아니라 부모의 수준에서 보니 마음에 들지 않고 부족하게만 여겨진다.

둘째, 부모의 욕심이 앞서기 때문이다. 우리 아이가 다른 아이보다 뛰어났으면 하는 욕심이 부족한 것만 눈에 보이게 한다.

셋째, 완벽주의 부모에게는 열등감이 존재한다. 자신이 부족하다고 느끼는 부모는 아이의 조그마한 단점에도 크게 야단을 치게 된다.

이런 부모의 시선을 바꾸려는 노력이 필요하다. 부모의 시각에 따라 아이의 단점은 장점이 될 수도, 또 장점이라고 여겼던 부분이 단점이 될 수도 있다.

작년에 지인이 맡은 5학년 학급 아이 중에 지적인 문제는 없는 것 같은데 아무리 설명을 해도 못 알아들어 시험만 보면 꼴찌를 하는 여자아이가 있었다. 부모도 아이에게 여러 방법으로 공부를 시키려 노력했지만 모두 허사였다. 그런데 이 아이는 머리로 이해하고 암기하는 것은 못해도 손으로 하는 것은 다 잘했다. 재봉이나 손뜨개는 솜씨도 좋고 꼼꼼하기까지 했다. 종이접기도 좋아하며 즐겁게 배우는 모습이 참 기특했다.

'남 앞에서 말을 잘 못한다'는 것은 다른 관점에서 보면 그만큼 신중하다는 뜻도 된다. 말을 청산유수처럼 잘하지만 실속이 없다면 말 잘하는 것이 꼭 장점이라고 할 수 없다. 단점을 장점으로 보는 관점의 전환이 일어나면 아이의 상처 입은 자존감이 회복된다. 이제 부모는 관점의 폭을 넓혀 단점도 장점이 될 수 있다는 긍정적 시각으로 아이를 바라보자.

비교 프레임을 **날려버려라**

프랑스 계몽시대의 정치학자인 몽테스키외는 행복할 수 있는 비결을 이렇게 명쾌하게 정리했다.

행복을 원한다면 남과 비교하지 마라. 단지 행복해지려고만 한다면 쉽게 행복해질 수 있다. 그러나 우리는 다른 사람들보다 더 행복하게 되기를 바란다. 남들보다 행복하게 되는 것은 항상 어려운 일이다. 우리는 다른 사람들이 실제보다 더 행복하다고 믿기 때문이다.

프랑스 작가 알베르 카뮈는 "행복하려면 남들에게 지나친 관심을 갖는 것은 금물"이라고 직언했으며 실존주의 철학자 사르트르는 "인간은 타인의 눈길에서 지옥을 경험한다. 남의 눈을 의식하는 데서 벗어나는 게 얼마나 중요한지 모른다"고 충고했다. 너무 뻔하게 들릴 수도 있지만 남과 비교하지 않고 산다는 것은 쉬운 일이 아니다. 우리는 남과 비교하는 순간 불행을 경험한다. 내가 이룬 것이 초라해 보이고 남이 가진 떡이 더 크게 다가온다.

우리가 일상적으로 살아가는 삶에서 자동적이고 무의식적으로 비교 프레임을 작동시키고 있음을 증명한 실험이 있다.

네덜란드의 심리학자 디데릭 스테이플이 이끄는 연구팀은 대학생을 두 그룹으로 나누어 컴퓨터 앞에 앉게 하고 모니터의 정중앙을 집중해서 보도록 했다. 무엇인가 모니터에 빠르게 나타날 것이라고 알려주고 그것이 왼쪽에서 나타나면 'Q' 자판을, 오른쪽에서 나타나면 'P' 자판을 누르라고 지시했다. 그것이 무엇인지에 대해서는 알려주지 않았다. 그리고 절반의 학생들에게는 아인슈타인 사진을 다른 절반의 학생들에게는 광대 사진을 보여주었다.

이 실험에서 학생들에게 사진을 보여준 시간은 단 0.11초에 불과하였다. 뭐가 잠깐 눈앞을 지나갔다는 정도만 느낄 뿐, 그것이 정확히 무엇인지 알 수 없다는 데 이 실험의 묘미가 있다. 연구팀은 이 실험을 총 60회 실시한 후 학생들에게 스스로 자신이 얼마나 똑똑하다고 생각하는지를 7점 만점으로 평가하게 했다.

과연 어떤 실험 결과가 나왔을까? 누구의 사진인지도 모르게 빠른 속도로 스쳐간 상황이기 때문에 두 팀의 평균은 비슷하게 나와야 하지 않을까? 하지만 놀랍게도 아인슈타인 사진을 본 대학생 그룹은 광대 사진을 본 대학생 그룹보다 스스로를 덜 똑똑하다고 평가하였다. 아인슈타인 사진을 본 대학생들은 자신을 5.00으로, 광대 사진을 본 대학생들은 5.79로 평가하였다. 7점 척도에서 평균 0.79의 차이는 꽤 큰 것이다.

이 실험으로 보아 사람들은 일상생활에서 본능에 따라 다른 사람과 자신을 비교하고 있다는 사실을 알 수 있다. 우리가 미처 의식하지 못하고 있을 뿐 뇌는 끊임없이 자신을 남과 비교한다.

'엄친아'라는 말이 있다. '엄마 친구 아들'의 줄인 말로, 집안 좋고 성격이 밝은데다 공부도 잘하고 인물도 훤한, 모든 면에서 뛰어난 완벽한 남자를 의미한다. 이 말은 포털 사이트 네이버에 연재된 웹툰 〈골방환상곡〉 8화 '우월한 자'를 통해 유명해졌다. 엄마의 잔소리에 빠지지 않고 등장하는 단골 레퍼토리인 "엄마 친구 아들은 공부 열심히 해서 서울대 들어갔다는데 넌 뭐냐!"라는 대사에서 비롯되었다.

〈동아일보〉에서는 2013년 4월 '엄친아 죽음으로 내모는 1등 콤플렉스'에 대한 기사를 내보냈다.

자타공인 모범생이다. 별명은 '점 일'. 성적이 전국 0.1퍼센트 안에 들 만큼 우수하다는 이유로 몇몇 친구가 이렇게 부르기 시작했다. 용돈 걱정? 한 번도 해본 적 없다. 하얀 피부에 갸름한 턱선, 귀공자 같은 외모에 반한 여학생도 여럿이다.

그런데 요즘 손이 덜덜 떨린다고 한다. 봄 날씨가 오락가락한다지만 한겨울 추위보다는 덜하다. 그런데 왜 손을 덜덜 떨까? 누가 봐도 '엄친아'인 조민성(가명, 고2) 군의 이야기다.

언제나 손을 떠는 건 아니다. 누가 그의 별명을 부를 때만 그렇다. 특정 자극에 대한 조건반사이다. 이젠 일부 교사까지 그렇게 부른다. 어느 순간부터 별명이 부담됐다. 가뜩이나 잠을 못 잘 만큼 공부 스트레스가 심한데 별명을 들으면 마음이 무거웠단다. 그러다 조금씩 손이 떨리기 시작했다고 한다.

조 군은 말했다.

"가끔 복도에서 경쟁자를 만나면 전부 사고를 당해 사라졌으면 좋겠다는 생각을 해요. 어쩔 땐 나 자신이 무서워요. 힘들죠. 근데 불안해서 공부는 손에서 못 놓겠어요. 자존심 때문에 누구한테 털어놓지도 못하겠고……."

'엄친아 신드롬'이란 말이 있다. 1등 콤플렉스, 즉 모든 면에서 뛰어나야 한다는 스트레스가 부담이 되는 상황을 말한다. 이런 현상에 시달리는 아이는 타인을 의식하는 경향이 크다. 남보다 잘해야 하고 남에게 뒤떨어지면 안 된다는 비교의식을 가지고 있다.

앞의 기사에서는 학급 성적이 상위 10퍼센트 안에 든다고 밝힌 서울 강동·송파 지역 고교생 백 명에게 얼마나 행복한지도 물었다. 그런데 남보다 불행하다고 답한 학생이 57명이었다. 비슷하다는 응답은 33명, 더 행복하다는 응답은 10명에 그쳤다고 한다. 백 명 중 여섯 명은 죽고 싶다는 생각마저 했다고 밝혔다. 자신을 가장 힘들게 하는 요인으로는 주변의 기대감 41퍼센트, 공부 스트레스 22퍼센트, 교우 관계 20퍼센트 를 꼽았다.

부모는 쉽게 아이를 형제 또는 친구와 비교하는 습성이 있다. 전에 내가 상담한 고등학생이 있었는데 초등학교 때부터 '리니지' 게임에 빠져 거의 중독 단계였다. 이로 인해 부모와 자주 다투었고 수업 시간에도 집중을 못해 성적이 점점 떨어졌다. 중간고사가 끝난 어느 날 집에 오니 어머니가 이렇게 말했다고 한다.

"옆집 아이는 공부를 잘해 서울대를 갈 수 있다고 하던데 넌 도대체 뭐하는 거니?"

이 말이 불씨가 되어 그는 가출을 해 친구 집을 전전했다.

내 아이를 다른 아이와 비교하지 않기 위해서는 있는 그대로의 아이 모습을 인정하는 마음 자세가 중요하다. 전 세계 약 70억 명 중의 한 명인 내 아이는 단 하나밖에 없는 인격과 개성을 가지고 있다. 내 아이가 공부를 잘하든 못하든, 운동을 잘하든 못하든 아이의 있는 그대로의 모습을 받아들이자. 그것이 부모와 아이가 다 행복한 길이다.

부모는 아이의 남과 다른 것, 즉 개성을 이끌어내 물을 주고 꽃을 피우도록 돕는 조력자의 역할을 할 수 있어야 한다. "옆집 누구만큼만 해라"라는 말은 피하고 오히려 "남과 다르게 생각하고 남과 다르게 하라!"고 가르쳐야 한다.

우리 아이 1등 콤플렉스 없애는 10계명

1계명 하루 평균 20분 이상 마주 보고 대화하라

2계명 자녀의 친한 친구 이름 세 개 정도는 외워두어라

3계명 등교할 때 포옹 같은 스킨십을 유도하라

4계명 명령조보다는 부탁조로, 부탁할 땐 이유를 설명하라

5계명 성적표를 본 뒤 10초만 생각하고 말하라

6계명 결과보다는 과정 중심으로 평가하라

7계명 슬럼프는 오게 마련, 그때도 일관되게 반응하라

8계명 "넌 누굴 닮아 그래"처럼 절대 부모와 비교하지 마라

9계명 형제, 친척, 친구와도 비교하지 마라

10계명 말수 급감 등 위험 징후에는 쉬게 한 뒤 충분히 대화하라

생각의 크기가
행복의 크기다

무더운 날 길을 가던 나그네가 세 사람의 석공이 돌을 다듬고 있는 외딴

채석장을 지나게 되었다. 뜨거운 햇살도 피할 겸 그들 곁에서 휴식을 취하

면서 나그네는 이렇게 물었다.

"지금 뭘 하고 있는 거요?"

첫 번째 석공이 말했다.

"보면 모릅니까? 돌을 깨고 있지 않습니까? 뼈 빠지게 일해봐야 몇 푼 받

지도 못하지요. 정말 못할 짓입니다."

두 번째 석공이 말했다.

"가족을 먹여 살리기 위해 죽지 못해 이 일을 하고 있습니다. 이런 험한 일은 먹고사는 것만 해결되면 당장 때려치울 겁니다."

그러나 세 번째 석공은 환하게 웃는 얼굴로 대답했다.

"난 세상에서 가장 아름다운 건물을 건축하는 중입니다. 내가 다듬고 있는 이 돌은 그 건물의 가장 중요한 기둥이 될 겁니다."

이 세 사람 중에 누가 가장 행복할까? 누가 더 사람들에게 인정받고 멋지게 성공하리라고 여겨지는가? 자신이 하는 일에 가치를 부여하고 자부심을 가진 사람은 표정부터 다르다. 즐거운 마음으로 일하니 결과가 좋고 사람들의 인정도 받게 된다. 공부도 마찬가지이다. 기쁜 마음으로 공부하는 아이는 스트레스도 덜 받고, 좋은 결과를 얻게 된다.

나는 우리 반 아이들에게 "공부하는 이유가 뭐라고 생각하니?"라고 질문을 던져본 적이 있다. 대답은 천차만별이다.

"엄마가 시켜서 해요."

"그냥 마지못해 하죠. 공부 안 하면 엄마한테 혼나요."

드물지만 가끔 기특한 대답을 하는 아이도 있다.

"공부하면 모르는 것을 알게 되고, 외교관의 꿈을 이루려면 열심히 공부해야 해요."

동기를 갖고 학업에 임하는 것과 억지로 하는 것의 차이는 확연하다. 집중력이 다른 것은 물론이고, 효율성 면에서도 성과가 다르게 나타날 수밖에 없다.

교육심리학의 동기 이론 중에 '기대, 가치 이론'이란 게 있다. 이에 따르면 사람들이 어떤 행동을 하는가는 그 행동을 통해 목표를 달성할 수 있다는 기대와 목표에 부여하는 가치에 따라 결정된다고 한다. 쉽게 말하면 아이가 열심히 공부해도 목표를 달성할 수 없거나, 목표를 달성할 수 있다 하더라도 공부 결과, 즉 성적이 가치가 없다고 생각하면 아무런 노력을 하지 않게 되는 것이다. 공부를 해서 원하는 목표와 가치를 얻을 수 있다고 생각할 때 아이는 노력을 기울이게 된다.

그렇기 때문에 부모는 먼저 아이에게 일상에서 자주 쓰는 말과 행동으로 기대와 가치를 보여줘 동기를 부여해주어야 한다. 하지만 많은 부모가 동기 부여의 중요성이나 방법을 모르고 있는 것 같다.

아이는 자신이 잘할 수 있다고 믿는 일을 열심히 하는 경향이 있고, 잘할 수 없다고 여기는 일은 열심히 하지 않는다고 했는데 이는 반두라의 '자기효능自己效能 self-efficacy' 개념과도 일맥상통한다. 자기효능이란 지식사전에 의하면 주어진 행동이 성공적으로 수행될 것이라는 한 개인의 신념을 말한다. 아이가 도형 문제를 정확하게 풀 수 있고 체육 시간에 뜀틀을 잘 뛰어넘을 수 있다는 믿음 자체가 자기효능이다.

연관되어 결과기대 outcome expectation 개념도 살펴보자. 이는 어떤 행위를 하면 어떤 결과가 나타날지 아는 것이다. 선생님의 질문에 대답을 하면 칭찬을 받을 수 있다는 것을 알지만 자신이 정확한 대답을 잘하지 못하리라고 생각한 아이가 있다고 하자. 그 아이는 결과기대는 높지만 자기효능은 낮다고 할 수 있다.

장차 당면하게 될 과제를 잘해낼 수 있다는 신념을 의미하는 자기효능은 미래지향적이다. 자기효능이 높으면 수업 활동에 적극적으로 참여하고, 더 노력하며 스트레스와 불안은 적게 경험한다고 한다. 즉 자기효능이 높으면 성취도가 높다.

교육심리학적 관점에서 볼 때 아이가 자기효능감이 높을수록 동기와 성취에 긍정적인 영향을 준다. 그렇다면 아이에게 가장 많은 영향을 주는 부모가 일상에서 아이의 자기효능을 높일 수 있는 자극제 역할을 충분히 해주어야 하지 않을까?

권대훈의 《교육심리학의 이론과 실제》에는 자주 듣는 말의 엄청난 영향력을 보여주는 사례가 실려 있다.

STORY ──────────────────────────────────

아프리카 어느 부족은 쓸모가 없게 된 나무가 있을 경우 부락민들이 모두 모여 그 나무를 향해 "넌 살 가치가 없어!", "난 널 사랑하지 않아!", "차라리 죽어버려!"라고 크게 소리를 지른다. 이렇게 상처 주는 말을 계속하면 마침내 나무가 말라 죽어버린다.

이 이야기의 신빙성 여부는 확인할 수 없지만 말 한마디가 크나큰 영향을 미친다는 것에는 고개를 끄덕이게 된다. 무심코 내뱉은 말이 남의 가슴에 비수처럼 꽂히기도 하고, 말 한마디가 무한한 용기를 주기도 한다. 내가 지금 하는 말이 허공에서 그냥 사라지는 것이 아니다.

이는 부정적인 기대가 실제로 결과로 나타나는 현상이라고 볼 수 있는데 아이에게도 마찬가지이다. 부모의 기대가 낮으면 아이도 노력하지 않고 그 결과 성취 결과가 낮아진다. 반대로 부모의 기대가 크면 아이는 그 기대에 부합하려고 노력하게 된다.

어떤가, 아이에게 어떻게 동기 부여를 해주어야 하는지 답이 나오지 않는가. 먼저 아이에게 실현 가능한 기대를 갖고 말과 행동으로 긍정적으로 동기 부여를 해주면 아이 스스로 변하게 된다. 이때 너무 큰 기대를 무리하게 강요하면 아이는 지레 포기하게 된다는 점을 명심하자. 모든 일은 하나하나 단계를 밟아나가야 한다. 부모의 긍정적 지지와 격려 속에서 자라나는 아이는 행복하다.

아이의 자기효능을 높이는 방법

- 긍정적인 기대를 한다
- 실수하더라도 끊임없이 격려와 칭찬을 한다
- 적당한 도전 수준의 과제를 준다

아이의 자기효능을 높이려면, 즉 잘할 수 있다는 생각이 들도록 격려하려면 부모의 자기효능도 높아야 한다. 아이는 동기 부여가 잘되어야 좋은 성과가 나오기 마련인데 이는 부모의 생각 크기에 의해 좌우된다. 부모는 아이를 어떤 틀에 가두지 말고 잠재능력, 재능 등을 살피고 늘 우호적인 관계를 유지하도록 힘써야 한다. 자발적 동기에 의해 행동하는 아이는 더 높은 성취 결과를 얻게 된다.

생각의 회로를
열어두어라

STORY

아프리카 원숭이를 잡는 법이 있다. 우선 목이 좁은 항아리 안에 원숭이가 좋아하는 바나나를 넣고 항아리를 땅에 잘 고정시켜놓는다. 그러면 지나가던 원숭이가 냄새를 맡고 와 바나나를 먹으려고 항아리에 손을 집어넣는다. 하지만 원숭이는 바나나를 잡은 채로 항아리에서 손을 뺄 수가 없다. 주둥이가 좁기 때문이다. 바나나를 포기하고 놓으면 빠져나올 수 있다. 그러나 바나나를 놓치고 싶지 않다는 생각에 손을 빼지 못하고 사람들에게 잡히고 만다.

혹시 우리도 원숭이처럼 손 안의 바나나를 움켜쥐고 있지는 않은 가? 기존에 생각하던 익숙한 방식을 고집하고 있지는 않은가? 내가 가진 한 가지의 관점을 가지고 아이를 판단하고 있지는 않은지 되돌 아볼 필요가 있다. 기존의 패턴을 바꾸고 쪼개고 비틀어 생각하기란 쉽지 않다. 생각을 할 때도 관성의 법칙이 적용되어 방향을 틀기가 어 렵기 때문이다.

마이클 미칼코가 쓴 《생각을 바꾸는 생각》에 이런 이야기가 있다.

STORY ──

열 살 때 할아버지와 산딸기를 따러 산을 오르고 있었다. 그런데 할아버지

가 발걸음을 멈추더니 애벌레 한 마리를 집어 들었다.

"얘야, 이걸 좀 봐라. 뭐가 보이니?"

나는 대답했다.

"애벌레요."

"언젠가는 이게 아름다운 나비가 될 거란다. 자세히 들여다보렴. 이 애벌레

가 나비가 될 것이라는 표시가 어디 있는지 말해주겠니?"

나는 그 표시를 찾으려고 애벌레를 유심히 살펴보았다.

"할아버지, 이게 나비가 될 거라는 표시는 아무 데도 없어요."

그러자 할아버지가 말씀하셨다.

"바로 그거다! 너의 모습에서 네가 앞으로 무엇이 될지 사람들에게 알려주

는 표시는 아무것도 없단다. 이것을 기억해라. 남들이 너에게 무언가를 할 수 없다고 말하거나 혹은 될 수 없다고 말한다면, 이 애벌레를 기억하렴. 네가 애벌레 속에서 무슨 일이 일어나는지 알 수 없는 것처럼, 사람들은 네 마음속에 무엇이 있는지를 볼 수 없단다. 네가 무엇이 될 수 있는지를 아는 사람은 오직 너 자신뿐이란다. 애벌레처럼 말이지."

혹시 애벌레를 보며 나비가 될 거라고 생각해본 적이 있는가? 애벌레는 영원히 애벌레라고 여기거나 손 안의 바나나를 움켜쥐고 놓지 않으려는 고정관념을 깨뜨려야 창의성을 잉태할 수 있다. 닫힌 생각의 회로에는 창조의 에너지가 흐르지 않는다. 생각의 회로를 열어놓아야 낯선 세계를 만나게 된다.

애벌레가 평생 그 모습일 거라고 생각하는 아이는 평범한 아이이다. 익숙한 생각 패턴, 정형화된 틀, 의례적인 관념을 가진 아이다. 애벌레가 자라 나비가 될 것을 기대하는 아이는 이 모든 고정관념과 틀, 편견을 깨고 창의성을 잉태한 아이라고 할 수 있다. 창의성은 누구나 가지고 태어난다. 단지 발견하지 못했을 뿐이다.

피카소의 〈황소 머리〉는 고물 자전거 안장과 핸들로 이루어진 작품이다. 그는 어느 날, 고물상에서 자전거 해체 과정을 보다 불현듯 떠오른 생각으로 이 작품을 만들었는데 현재 무려 300억 원이라는 천문학적인 가격이 매겨져 있다. 이것은 피카소의 상상력이 낳은 가치이다. 그는 이렇게 말했다.

"나는 찾지 않는다. 있는 것 중에서 발견한다."

새로움의 창조는 남이 볼 수 없는 것을 보는 데서 출발한다. 기존의 것에서 가치를 발견하고 자기만의 독창성을 실현해내는 것이다. 그러려면 생각의 회로를 열어두고 관점의 각도를 넓혀야 한다. 생각의 회로를 열어둔다는 것은 무한한 가능성과 잠재력을 의미한다. 부모는 아이를 볼 때 고정관념을 벗어버리고 장차 애벌레가 나비로 탈바꿈할 수 있다는 것을 기억해야 한다.

생각의 회로를 열고 상상력과 직관의 깊은 물을 퍼내는 일은 꿈을 이루기 위한 중요한 첫걸음이다. 꿈을 창조한다는 것은 성공한다는 의미이다. 요즘엔 아무런 꿈 없이 살아가는 아이가 너무도 많다. 매일 자동으로 작동하는 기계처럼 시험 문제를 풀고 암기를 하는 것은 생각의 회로를 닫아놓고 박제된 지식을 흡입하는 것과 같다.

꿈을 향해 나아가는 공부는 그게 아니다. 내게 주어진 일과 공부에 의미를 불어넣고 현재에서 미래, 그 너머 최고의 정상까지 큰 그림으로 보는 것이다. 생각의 회로를 크게 열어놓으면 한계가 없이 무한대로 꿈은 자라게 된다.

급변하는 사회에서는 세상을 전혀 다르게 바라보는 사람이 성공한다. 사방으로 생각의 회로를 열어두고 모든 것을 나누고 뒤섞고 합

처라. 융합의 힘을 새롭게 발견하는 창의 인재를 키우는 것은 앞서가는 부모만의 축복이다.

우리가 살아가는 동안 생각의 회로를 열어야 할 때가 많다. 이때 고정관념은 생각의 회로를 여는 데 방해가 된다. 고정관념이란 심리학 용어사전에 의하면 특정 집단의 사람들이 지니고 있는 과잉 일반화 또는 부정확하게 일반화된 신념이다.

부모가 가진 고정관념이 생각의 회로를 방해하기 때문에 자신에게 어떤 고정관념이 있는지 아는 것이 중요하다. 예를 몇 가지 살펴보면 다음과 같다.

- 남자는 인형 놀이를 해서는 안 된다
- 우리 아들은 커서 의사가 되어야 한다
- 남자는 부엌일을 해서는 안 된다
- 공부를 잘 못하는 아이는 실패한다
- 여자는 예뻐야 한다

부모가 이러한 생각의 틀을 버리지 않는다면 아이는 꽉 막힌 하수구처럼 답답하기 이를 데 없다. 생각의 회로가 원활하게 이어지지 않아 부모와 아이 사이가 자꾸 삐거덕거리기 마련이다.

이런 고정관념을 가지게 된 이유는 무엇일까? 자신도 끊임없이 그런 말을 들어 잠재의식 속에 새겨졌기 때문이다. 오랫동안 각인된 것을 바꾸기란 쉬운 일이 아니다. 그렇기 때문에 '생각을 위한 생각', 즉 '메타 생각'이 중요하다. 무엇이 고정관념인지 자신의 생각을 점검하는 일이다. 부모가 고정관념을 버리고 폭넓은 사고로 전환할 때 그 속에서 아이는 마음껏 숨 쉬고 창조적이 된다.

'우리 아들은 커서 의사가 되어야 한다'고 아이에게 공부를 강요한다면 어떻게 될까? 아이가 무엇이 되고 싶은지에 대해 고민할 생각의 회로를 빼앗게 된다.

아이에게 부모의 생각을 주입하려고 하는 것보다 위험한 일은 없다. 부모가 생각의 회로를 열었다면 이제부터 아이 또한 생각의 회로를 마음껏 열도록 해야 한다. 아이는 생각의 회로를 활짝 열어놓고 다방면으로 들여다보고 자신만의 답을 만들어가야 창조적인 인생을 살 수 있다.

마음의 힘,
아이의 자존감을 높여라

얼마 전에 이런 상담을 한 적이 있다.

"초등학교 2학년 남자아이를 둔 엄마입니다. 아이가 게임에 빠져 공부나 책 읽기는커녕 식사 시간 외에는 방에서 나오지도 않아요. 학교에서 뭘 배웠는지, 친구랑 잘 지내는지 물어봐도 늘 '몰라!'라는 대답뿐입니다. 주위에 친구도 별로 없고 작은 일에도 쉽게 짜증을 내고 힘들어해요. 맞벌이를 하다 보니 아이에게 관심을 많이 기울이지 못해서 그런지 걱정입니다."

원인은 낮은 자존감에 있을지도 모른다. 자존감이 낮은 아이는 다른 사람과 원만한 관계를 맺지 못한다. 사소한 말에 상처를 받고 괴

로워하기 때문에 자신에 대한 방어기제로 혼자 있는 것을 택하게 된다. 자존감은 자기 자신을 사랑하고 존중하는 마음, 즉 자신은 사랑받을 만한 가치 있는 존재라고 생각하는 마음이다. 그동안 많은 심리학자들은 자존감이 '인간을 성공으로 이끄는 가장 중요한 마음의 힘'이라고 정의했다.

사소한 일에 짜증을 내거나 지나치게 공격적인 아이, 반대로 너무 소심하여 의존적인 아이가 있다. 어른 중에도 작은 실수에 지나치게 민감하거나 예사로 한 말에 과민반응을 하는 사람들이 있다.

이들의 공통점은 무엇일까? 바로 낮은 자존감이다. 전문가들은 자존감이 낮으면 쉽게 좌절하며 인내심이 부족하고, 충동적이며 집중력이 낮고, 우울감과 열등감이 커진다고 말한다. 또 나이의 많고 적음을 떠나서 인간관계에 어려움을 겪고 스스로 불행하다고 느낀다. 따라서 무한한 잠재력이 숨어 있음에도 마음껏 그 힘을 발휘하지 못하고 실패하는 인생을 살 확률이 높다.

반대로 자존감이 높은 아이들은 과제가 주어졌을 때 '나는 이것을 해낼 능력이 있다, 혹시 해내지 못한다 해도 나의 가치가 떨어지는 것은 아니다'라고 믿게 된다. 이런 마음가짐을 가진 아이가 즐겁고 행복하게 살게 됨은 물론이다.

앞에서도 말했지만 아이들이 어렸을 때 나는 유난히 사소한 실수를 잘 용납하지 못하고 매번 지적을 하거나 심하게 야단을 쳤다. 하다못해 컵의 물만 쏟아도 "어휴, 조심하지 않고 덤벙대기는. 빨리 행주 가지고 와 닦지 못해" 하면서 짜증을 냈다. 그래선지 아이들끼리도 서로 잘못을 떠넘기거나 작은 일로 잘 다투곤 했다.

육아 서적을 읽고 초등 상담심리학을 공부하면서 원인을 깨닫게 되었다. 나는 자존감이 낮은 엄마였다. 역기능 가정에서 칭찬과 지지를 받지 못하고 감정을 인정 받지 못하고 자랐기에 자존감이 높을 수가 없었다. 긍정적인 마음이나 내적인 신념이 부족하여 그것이 그대로 아이들에게 투사되었던 것이다. 심리학에서 말하는 투사란 용납하기 어려운 충동, 감정, 동기를 자신의 것으로 인정하기보다는 다른 대상에게 돌려서 어려움에 대처하고 자아를 보호하려는 방어기제라고 정의한다. 가장 미숙하고 병적인 방어기제인데 열등감을 은폐하려는 행동으로 나타난다.

엄마가 자신의 불안한 감정을 아이에게 투사함으로써 부모에게 받은 부정적인 감정을 대물림하게 된다. 냉정하고 무뚝뚝한 엄마, 폭력적인 아빠 밑에서 자란 사람은 아이에게 다정다감한 부모가 되기 힘들다. 이는 '공감 뉴런'이라고 불리는 거울신경세포에 치명적 영향을 끼쳐 타인의 감정을 자신의 감정과 똑같이 느끼기 때문이다. 이런 대물림의 악순환을 겪고 있다면 우선 부모 자신에게 문제가 있다는 것을 직시해야 한다. 그런 다음에는 이 부정적인 대물림을 끊어야겠다는 의지가 우선되어야 한다.

부모는 아이를 자신과 동일시하고 무의식적으로 자신의 일부인 것처럼 강하게 묶는 경향이 많다. 예를 들면 시험을 보았을 때 아이의 좋은 성적이 엄마의 자부심이 되고, 나쁜 성적이 자존심 상하는 일이라고 생각한다. 아이의 점수가 백 점이면 '백 점 엄마'가 되고, 아이가 꼴찌이면 '꼴찌 엄마'로 여긴다. 이런 부모는 "자식을 내 인생 최고의 작품으로 보거나 내 인생의 종합성적표로 보는 시각은 위험하다"라고 말한 하버드 대학교 조세핀 킴 교수의 말을 기억하기 바란다.

부모가 아이를 다른 사람과 비교하고 역량 이상으로 다그치면 아이는 자존감에 손상을 입고 주눅이 들어 무기력해진다. 친구관계나 사회생활에서 주도적인 삶을 살지 못하고 불행해진다.

나 또한 다르지 않았다. 아이가 하고 싶은 것, 잘하는 것은 뒷전이고 욕심만 앞서서 원칙과 소신 없이 옆집 엄마의 말에 이리저리 휩쓸렸다. "너를 위해서야!"라고 하지만 혹시 아이를 통해 대리만족과 보상을 얻으려는 마음이 아니었을까?

"너는 왜 한 번 말하면 듣지 않니?"

"엄마가 가서 숙제하라고 했어, 안 했어?"

"내가 너 공부 안 할 때부터 시험 못 칠 줄 알았어."

"지금 네가 잘했다고 생각하니?"

"뻔하지 뭐. 네가 하는 것이 다 그렇지."

혹시 아이에게 무심코 이런 말을 내뱉고 있지는 않은지 점검해보자. 부모의 부정적인 말은 이제 막 자라고 있는 아이의 자존감을 '싹둑' 자르고 아이에게 불행을 심어준다. 이제부터 내 아이의 능력을 믿고 먼저 칭찬과 응원을 보내자. 부모의 전폭적인 지지를 받은 아이는 자존감이 자라고 스스로 행복한 아이라고 느낀다. 부모의 사랑이 부족하면 아무리 역할모델이 훌륭하고 환경이 탁월해도 자존감이 높은 아이로 길러낼 수 없다. 부모의 사랑은 자존감의 필수조건이다. 그런데 우리는 아이를 사랑하면서도 잘못된 대화와 방법으로 아이의 자존감을 떨어뜨리고 있다.

EBS 〈부모〉의 '우리 아이 자존감 키우기' 편을 본 적이 있다. 색종이 접기가 잘 안 되어 고민하고 있는 딸에게 엄마가 다가와서 이렇게 말한다.

"슬기야, 이것 봐. 이렇게 접으니까 잘되지? 네가 색종이 접기를 잘못한 이유는 방향을 못 잡아서 그런 거야. 모를 때는 여기 접는 방법이 있잖아. 잘 보고 접어야지. 알았어?"

이렇게 아이가 어려워하는 것을 너무도 쉽게 대신 해결해주고 아이의 잘못된 행동을 하나하나 지적하는 엄마 아래에서 아이는 자신이 신뢰 받지 못한다는 생각에 점점 열등감에 빠진다고 한다. 이럴 경우에는 엄마가 성급하게 대신해주기보다 해결할 수 있는 방법을 같이 찾는 것이 우선이다. 아이 스스로 할 수 있도록 조언해주고 잘

했을 때는 아낌없이 칭찬해주어야 한다.

스스로 무엇이든 해내고 성취감을 느낄 때 아이의 자존감이 올라간다. 부모는 이것밖에 못하느냐고 채근하고 타박할 것이 아니라, 아이가 가는 길옆에서 손뼉을 쳐주고 응원해주어야 한다.

아이의 자존감의 키는 부모의 자존감의 키와 비례한다. 부모의 자존감의 키가 크면 아이의 자존감 역시 크다. 반면 부모의 자존감의 키가 낮으면 아이 또한 낮을 수밖에 없다. 부모의 자존감을 점검하고 그 키를 높이는 것이 급선무이다. 부모의 자존감은 어린 날의 상처뿐 아니라 부부갈등, 고부갈등 등도 영향을 줄 수 있다. 부모가 자신의 자존감이 어디에서 손상을 입었는지, 또 어떤 부분이 손상되었는지 객관적으로 살펴보고 점검할 필요가 있다.

EBS 〈부모〉에서 말한 '우리 아이 자존감 키우기 10계명'의 첫 계명이 '부모 스스로 자신을 먼저 사랑하라'인 것만 보아도 이 점을 알 수 있다. 부모가 자신을 사랑하지 않고 자존감이 낮으면 아이의 자존감을 세워주기 힘들다.

부모가 먼저 많은 실패에도 불구하고 자신은 여전히 가치 있는 존재라는 자존감을 회복해야 한다. 자신을 진정 사랑해야 아이도 사랑할 수 있다. 미성숙한 사랑은 또 다른 상처를 만들게 됨을 명심해야 한다.

아이가 자존감이 상해 귀를 닫고 말문을 닫기 전에 더욱 사랑하고 지지하고 응원을 아끼지 말자. 우리 아이가 조금 느리더라도 조급해하지 말자. 내 프레임을 넓혀 아이가 안기게 하자. 우리는 모두 미성숙한 채로 태어났다는 사실을 잊지 말자. 사랑도 자존감도 평생 배우고 성장시켜야 할 소중한 자산임을 말이다.

우리 아이 자존감 키우기 10계명

1. 부모 스스로 자신을 먼저 사랑하라
2. 부모의 자존감을 흔드는 요인을 알고 해결하라
   (부모의 어릴 적 상처, 부부 사이의 갈등 등이 영향을 줄 수 있다)
3. 부모의 성향과 아이의 성향을 잘 파악하고 조절하라
4. 아이의 연령에 맞게 사랑하라
5. 아이에게 실패를 통한 성공경험을 많이 주어라
   (밥을 먹는 일, 양말을 신는 일 등 작은 것부터 아이가 혼자 시도해보게 한다)
6. 아이의 생각과 감정에 공감하라
   (아이들과 함께 생각을 공감하고 반응한다)
7. 의사소통의 걸림돌을 가급적 피하고 적절한 대화방법을 사용하라
8. 과잉보호와 과잉통제를 경계하라
9. 아이에게 늘 의견을 묻고 선택하게 하라
10. 솔직하고 구체적으로 칭찬하라

행복하게
소통하기

마음의 벽을 깨야
소통이 된다

영국의 BBC 방송은 2011년에 '행복 헌장'이라는 것을 발표했는데 여기에는 행복에 이르는 17가지 지침이 실려 있다. 이는 친구, 돈, 일, 사랑, 성, 가정, 아이, 음식, 건강, 운동, 반려동물, 휴가, 공동체, 미소, 웃음, 영성, 나이이다. 대부분은 소유가 아니라 내가 아닌 다른 사람과의 관계에서 얻어지는 것들이다. 결국 행복해지려면 타인과의 소통이 꼭 필요함을 알 수 있다.

타인과 소통하기 위해서는 상대의 관점을 이해하려는 자세가 중요하다. 사람이 처한 처지, 개인의 성격, 경험에 따라 다양한 관점이 존재할 수 있다는 것 자체를 인정할 때 소통은 원활해진다.

하루는 피카소가 기차를 타고 가는데 옆에 앉은 사람이 그를 알아보고 물었다.

"당신의 그림은 난해해서 이해할 수가 없어요. 실재를 왜곡하고 있지는 않나요."

피카소는 그에게 실재가 무엇이냐고 물었다. 그 사람은 품에서 사진 한 장을 꺼내 보여주며 설명했다.

"이것이 실재로 내 아내와 똑같은 모습입니다."

피카소는 사진을 받아들고는 이리저리 여러 각도에서 주의 깊게 들여다본 후에 말했다.

"당신 부인은 끔찍하게도 작군요. 게다가 납작하고요. 사진은 어디까지나 주머니에 넣어 다닐 수 있는 종이이지 실재 당신 부인은 아닙니다."

추상화를 보고 작가의 의도를 설명 없이 정확히 읽어내기란 쉽지 않다. 화가의 관점에서 이해하려는 노력이 없으면 그림에서 아무것도 느낄 수 없다. 하지만 이해하기 쉽지 않다고 해서 배척해서는 안 된다. 외면하기보다 많은 사람들이 공감하는 이유를 궁금해하고 화가의 의도를 파악하기 위해 다가가는 자세가 중요하다.

나 역시 중학교 때까지 피카소의 그림이 왜 훌륭하다고 하는지 도대체 이해할 수가 없었다. 그때까지 나에게 훌륭한 화가는 사실적인 그림을 잘 그리는 화가였기 때문이다. 하지만 어느 날 미술 선생님의 수업을 듣고 내가 생각했던 훌륭한 화가의 범위가 좀 더 넓어지는 것을 느꼈다.

피카소는 겉모양만이 아니라 마음을 읽고 앞을 보면서 뒤도 표현하고자 노력한 최초의 화가였다. 어떻게 앞을 보면서 뒷모습까지 한 화폭에 담고 싶다는 생각을 했을까. 남다른 발상을 했다는 것 자체가 위대하게 다가왔다.

소통은 상대의 의도를 이해하고 파악하는 데서 출발한다. 그러려면 나만의 고정관념을 먼저 깨야 한다. 내 안에 견고한 마음의 벽을 가지고 있다면 유연하게 상대를 볼 수 없다.

얼마 전 TV에서 본 광고가 생각난다. 맞벌이하는 엄마가 지쳐 퇴근하여 아이들이 있는 집으로 돌아온다. 집에 들어선 순간 엉망진창이 된 주방이 보인다. 엄마는 아이들을 큰 소리로 야단치고 짜증을 낸다. 울먹거리는 아이들……. 하지만 알고 보니 아이들은 퇴근하는 엄마를 위해 주먹밥을 만들고 있었던 것이다. 순간 엄마의 마음에 감동이 밀려오고 아이들을 혼낸 것을 후회한다.

'언제나 어지르고 치울 줄 모르는 아이'라는 고정관념은 '엄마를 위해 주먹밥을 만드는 마음'을 미처 헤아리지 못하게 한다. 조금씩 작은 틀 속에 갇힌 고정관념을 깨뜨리려는 노력이 필요하다.

김재헌이 쓴 《아버지와 아들》이라는 책을 읽었다. 경제적인 이유로 가족과 떨어져 살던 아버지와 아들이 영덕에서 부산까지 180킬로미터를 걸은 과정을 쓴 도보 여행기이다. 게임 중독에 걸려 경찰서를 들락거리는 아들에게 아무것도 해줄 것이 없다고 생각한 아버지는 도보 여행을 권했고 마지못해 부자의 여행은 시작됐다. 장맛비가 주룩주룩 내리는 길을 힘겹게 걸으면서 부자는 지쳐갔다. 하지만 귀에 이어폰을 끼고 마음을 열지 않던 아들에게 아버지는 자신이 아버지에게 상처 받은 이야기, 사회생활의 실패와 성공, 가족에 대한 사랑, 아들이 어떤 삶을 살았으면 하는 바람까지 진솔하게 이야기를 이어갔다. 차츰 아들은 아버지에게 마음을 열고 귀를 기울였다. 아들과 아버지는 이 여행에서 처음으로 진정한 소통의 기쁨을 맛보았다.

우리가 아이를 이해하고 소통하기 위해서는 눈에 보이지 않는 아이의 마음을 읽을 줄 알아야 한다. 그런데 내 마음에 여유가 없으면 이는 절대 보이지 않는다. 늘 여유로운 마음을 가지려 노력하고 '아이는 지금 어떤 마음일까' 하고 한 번쯤 관점을 바꾸어보기만 해도 서로 더 쉽게 소통할 수 있다.

나는 유재석을 좋아한다. 어른이나 아이 할 것 없이 누구나 좋아하는 국민 MC인 그가 한 말 중에 인상적인 명언이 있다.

"내가 하고 싶은 말보다 상대방이 듣고 싶은 말을 하라. 하기 쉬운 말보다 알아듣기 쉬운 말을 하라."

곱씹을수록 가슴을 울리는 말이다. 한마디로 관점을 나 중심에서 남에게로 돌리라는 것이다. 부모의 눈으로만 보고 아이에게 뻔한 잔소리를 늘어놓기보다 아이가 알아들을 수 있도록 설득을 해야 한다. 부모와 자녀가 마음의 벽을 깨고 소통을 위해 노력할 때 행복은 우리 앞에 더 가까이 다가온다.

자녀와 행복한 의사소통을 위한 대화의 기술

첫째, 설교와 비판은 아이의 마음을 닫게 한다 중학생 자녀에게 "무조건 10시까지는 집에 들어와야 한다"는 기준을 정하고, 10시가 넘을 때마다 심하게 꾸중하는 아빠가 있다. 그 시간을 지키지 못해 꾸중을 듣는 아이는 분노와 죄책감을 경험하고 아빠와 마음이 멀어지게 된다. 일방적인 잔소리보다 왜 늦었는지, 시간을 지키기 위해 어떻게 해야 하는지 논의하고 필요하다면 아이와 함께 다시 합리적인 기준을 정하고 스스로 지켜나가도록 해야 한다.

둘째, 아이의 감정을 읽어주고 행동은 제한해야 한다 "동생과 싸우지 마라"고 일방적인 지시를 하기보다 화난 감정을 먼저 읽어주고 행동을 고칠 수 있도록 해주어야 한다. 감정을 인정 받고 자란 아이는 자존감이 높고 성공한 인생을 살 확률이 높다. 무조건 잘못했다고 혼내기 전에 먼저 "동생이 네 그림을 찢어서 화가 났구나!"처럼 감정부터 알아주자. 그 이후 "동생을 때리지 말고 엄마에게 이야기하렴. 그럼 동생을 타일러줄게"라고 올바른 행동을 제시해준다.

셋째, '나 메시지'로 의사를 전달한다 '나 메시지'를 활용하여 부모가 화가 났음을 알리고 해결책도 분명하게 제시한다. 아이가 뻔한 거짓말을 할 때 "내가 너 거짓말하는 것 다 알고 있어. 이 거짓말쟁이, 너 커서 뭐가 될래?"라고 하기보다 "엄마는 네가 거짓말을 하면 화가 나. 혼이 나더라도 정직하게 말해주면 좋겠어"라고 말한다. '나 메시지'로 의사를 전달하면 아이가 마음의 상처를 받지 않고 엄마의 감정까지 헤아리게 된다.

이런 행복한 의사소통은 한 번만에 되지 않는다. 꾸준히 반복하고 노력해야 한다. 벽에 못 하나 박는 일도 몇 번을 망치로 두들겨야 하듯 부모와 아이 사이의 대화도 마찬가지다. 부모와 아이 사이의 마음의 벽은 하루아침에 두터워진 것이 아니다. 부모가 자신의 눈높이를 낮추고 마음으로 다가갈 때 아이는 서서히 마음의 벽을 깨고 부모와 손을 맞잡을 수 있다.

티칭하지 말고
코칭하라

부모는 세상에서 가장 헌신적이고 열정적이며 최선을 다하는 코치가 될 수 있는 사람이다. 아이에 대한 사랑, 아이를 키우면서 알게 된 지혜와 경험, 항상 영향력을 끼칠 수 있는 가까운 위치, 행동을 넘어 감정까지도 알아챌 수 있는 민감함 등 부모에게는 좋은 코치가 될 수 있는 자원이 무척 많다. 만약 부모가 제대로 된 자녀의 코치가 되어 준다면 아이는 최고의 삶을 살 수 있다고 확신한다.

여기에서 코칭의 의미부터 잠시 살펴보자. 코칭이라는 단어는 1974년 티모시 갤웨이의 《테니스 이너 게임 Inner game of Tennis》에서 소개되어 세계적으로 확산되면서 우리나라에도 들어와 여러 분야의 현장에서 응용되고 있다.

한국코치협회의 자문인 고현숙은 《티칭하지 말고 코칭하라》에서 코칭을 이렇게 정의했다.

코칭은 가르치려 하거나 훈계하는 대신에 상대방의 잠재력을 믿고 상대방 스스로 해법을 발견하고 실행해 나갈 수 있도록 지원하는 방법이다.

코칭은 부모가 앞서서 아이를 가르치고 지도하는 게 아니라 '아이 스스로 해법을 발견하도록 지원하는 것'이다. 그런데 이 코칭에 고도의 숙련된 기술이 필요해 자격증 제도까지 있는 것을 보니 말처럼 쉬운 일이 아닌 것은 분명하다.

좋은 코치란 지식을 잘 전달하는 것이 아니라 개개인 내면의 정신 작용에 초점을 맞춰 잠재력을 최대한 끌어내도록 도움을 주는 사람이다. 반면 '티칭'은 '가르친다'라는 뜻으로 볼 때 평가와 훈육을 포함한다.

부모가 아이를 코칭할 수 있는 훌륭한 자원을 가졌음에도 불구하고 걸림돌이 되어 아이 앞을 막고 있지는 않은지 돌아보자. 부모의 조건적 사랑과 성과 중심적 사고방식, 그리고 완벽주의 이 세 가지야말로 걸림돌의 가장 큰 특징이다. 나 또한 예외일 수 없다.

세 아이의 엄마로서 무조건적인 사랑을 주었는가 하는 질문을 받는다면 '그렇다'고 선뜻 대답하기가 어렵다. 아이가 상을 타고 뛰어난 성적을 받아 오면 내 일처럼 기뻐하며 다른 사람에게 자랑하곤 했다. 그렇게 한없이 예뻐하다가도 아이가 삐딱하게 나오거나 책은 안 읽고 게임만 하고 있으면 왜 그렇게 얄밉고 한심한 생각이 드는지.

성과 중심적 사고방식도 어쩔 수 없다. 나는 투입과 산출의 공식을 절대적으로 믿는 엄마였다. 아이를 명문대에 보내기 위해서는 '삼력'이 필요하다는 말이 있다. 바로 '아빠의 재력, 엄마의 정보력, 아이의 체력'이다. 하다못해 옆집 엄마에게서라도 정보를 입수해 아이에게 투입해야 더 좋은 성과가 난다고 믿었다. 가만히 앉아서는 엄마와 아이 모두 '죽도 밥도 안 된다'는 생각이 앞서 아이를 들볶을 수밖에 없었다.

또 완벽주의는 어떤가? 아이에게 부족한 점이 보이면 자꾸 지적하고 가르쳐주고 싶어서 안달이 난다. 가족 상담 전문가들은 "집안에 완벽주의 엄마가 있으면 그것은 가족에게 재앙"이라고 말한다. 완벽한 사람이 가정에서 무슨 역할을 하겠는가? 계속 잔소리와 훈계하는 교관이 된다. 아이를 잘 키우고 싶고 많이 가르치고 싶은 엄마일 뿐인데 좋은 부모가 되고 싶다는 의도와 달리 그럴수록 부모와 자녀의 관계는 멀어지고 메말라간다.

《맹자孟子》의 〈공손추〉에는 '발묘조장拔苗助長'이라는 고사성어가 있다. 글자 그대로 보면 '싹을 뽑아 성장을 돕는다'는 뜻이지만, '빨리 성급하게 서두르면 오히려 일을 망친다'는 부정적인 의미로 쓰인다.

STORY

중국 송나라에 한 남자가 있었다. 은퇴해 고향으로 돌아온 이 남자는 농사일을 잘 몰랐다. 하지만 주위 사람들의 도움으로 늦게나마 논에 모를 심을 수 있었다.

며칠 후 모가 얼마나 자랐는지 몹시도 궁금했던 남자는 저녁 무렵 홀로 논에 가보았다. 그런데 자신의 논에 심은 모가 다른 사람의 모에 비해 덜 자라고 있는 것 같았다.

남자는 논둑에 서서 하염없이 모를 바라보며 어떻게 하면 모가 잘 자랄까 하고 골똘히 생각에 잠겼다. 모는 그의 눈에 보이지 않게 조금씩 자라고 있었지만 성에 차지 않았던 것이다. 한참을 고민하던 남자에게 좋은 생각이 떠올랐다. 남자는 바짓가랑이를 걷어붙이고 논으로 들어가 모를 하나하나 조금씩 뽑아 올리기 시작했다.

밤늦게 일을 마친 남자는 집에 돌아가 가족들에게 자랑스럽게 이 이야기를 했다. 가족들은 깜짝 놀랐고 다음 날 해가 뜨자마자 논으로 달려갔다. 하지만 이미 벼들은 시들어버리고 말았다.

의도는 좋았지만 결국 좋지 않은 결과를 낳는 일이 우리 주위에도 종종 일어나지 않는가. 아이에게 독서하는 습관을 길러주려고 했는데 오히려 반발심을 불러와 책 읽기를 멀리한다든지, 자립심을 길러주려고 참견한 것이 오히려 부모와 자녀 사이를 멀어지게 한다든지, 좋은 친구를 사귀라고 한마디 했다가 돌이킬 수 없는 갈등 상황을 일으키는 일들이 많다. 부모가 코칭하지 않고 티칭하면 예기치 못했던 불협화음이 생기기 마련이다. 그럼 어떻게 해야 아이에게 행복한 코칭을 할 수 있을까?

가장 중요한 것은 경청과 질문이다. 올바른 질문을 하기 위해서는 먼저 경청해야 한다. 고대 그리스 철학자인 제논은 "인간에게 입은 하나인데 귀가 둘인 것은 말하는 것의 두 배만큼 들으라는 뜻"이라고 말했다. 아이의 말을 단지 열심히 들어주는 것만이 능사가 아니라 긍정적 존중을 담은 경청이어야 한다. 아무리 엉뚱하고 얼토당토 않은 말을 하더라도 말이다. 이때 어떤 평가나 비판, 조언은 금물이다. 아이는 부모가 자신의 이야기를 경청해줄 때 마음의 문을 열고 그동안 숨긴 것을 털어놓게 된다.

경청한 후에는 질문을 하여 아이 스스로 생각하는 힘을 기르게 도와주어야 한다. 아이는 질문을 받으면 대답을 하기 위해 고민하고 자신의 생각을 답하게 되면 자연스럽게 코칭으로 이어진다. 한 예를 살펴보자.

"엄마! 의사가 되려고 했는데 이제 피아니스트가 되고 싶어요."

"그래? 언제 피아니스트가 되고 싶다는 생각을 했니?"

"어제 학예회 때 연주가 드레스를 입고 피아노를 연주했는데 너무 멋있 게 보였어요."

"그랬구나. 근데 넌 피아노 치기 싫다고 끊은 지 두 달은 된 것 같은데?"

"다시 배우고 싶어요."

"네가 피아니스트가 되고 싶은 이유가 단지 멋있어 보여서야?"

"음……, 그런 것 같기도 하고. 의사는 환자 병도 고쳐주고 돈도 많이 버 는데……."

"그럼 정말 무엇이 되고 싶은지 더 생각해보는 것이 어때? 우리 딸 하고 싶 은 것이 많은 것을 보니 엄마는 무척 기쁜걸. 하지만 이것 조금, 저것 조금 하기보다는 네가 정말 하고 싶은 것이 무엇인지 더 생각해서 결정했으면 좋겠어. 어떤 결정을 하든 난 네가 꼭 해내리라 믿어."

이런 식으로 대화를 진행하면 아이가 어떻게 할지 자신만의 답을 찾아가도록 도와줄 수 있다. 중요한 것은 '나는 잘할 수 있다, 나는 더 큰 가능성이 있다'라고 아이 스스로가 느끼게 하는 데 있다.

부모에게 가장 행복한 시간은 아이와 함께 있을 때이다. 그 행복한 시간에 티칭하지 말고 코칭을 해야 한다. 아이의 무한한 잠재력을 믿는 것이야말로 코칭의 시작이다. 필요할 때는 안전지대에 머물러 있는 아이를 흔들어 깨우는 것도 코치가 할 일이다. 또 낙심하여 축 처져 있는 아이의 어깨를 따뜻하게 두드려 힘을 주는 일도 코치의 임무이다.

장자는 이렇게 말했다.

쓸모 있는 나무는 일찍 베인다. 계피나무는 향기가 있다고 하여 베고, 옻나무는 잘라서 칠에 쓴다. 하지만 옹이가 박히고 결도 좋지 않아 어디에도 쓸모없었던 나무는 베어가는 사람이 없어서 가장 크고 무성하게 자라 원래 나무의 본성을 발휘한다.

있는 그대로 놓아두면 언젠가 잠재능력을 꽃피울 때를 만나게 된다. 아이의 본성을 믿고 기다리면 능력을 보여줄 때가 있다는 것이다. 그것이 조금 이를 수도, 늦을 수도 있다. 아이를 믿고 잠재력이 발휘될 때까지 행복한 코칭을 하자.

아이의 욕구를
파악하라

1950년대 미국 텍사스 주를 배경으로 펼쳐지는 이야기를 다룬 영화 〈자이언트〉에 이런 장면이 나온다.

목장주인 아빠가 아들이 네 살 생일 때 강제로 조랑말에 태운다.

"이 아이는 최고의 목장주가 될 거야."

그러나 아들이 타지 않겠다고 울면서 발버둥 치자 아내가 말한다.

"싫어하잖아요. 태우지 마세요."

"난 걷기도 전에 탔어."

아내는 화가 나서 쏘아붙인다.

"저 애는 당신이 아니잖아요."

몇 년이 지난 후 아내는 남편에게 말한다.

"우리가 자식들을 올바르게 키우고 있는 걸까요? 사랑이 지나쳐서 올바른 길로 못 가게 하는 건 아닐까요?"

아빠는 아이의 생각은 전혀 고려하지 않고 자신의 기대를 강요하고 있다. 아들이 말을 타지 않겠다고 울면서 발버둥 치는 이유를 도무지 알지 못한다. 왜? 자신의 관점에서만 보기 때문이다. 하지만 어머니의 말에 모든 답이 들어 있다.

"저 애는 당신이 아니잖아요."

부모라면 누구나 자녀를 사랑하고 잘되기를 원한다. 하지만 안타깝게도 요즘 부모들은 아이가 하고 싶어 하는 것에는 관심이 없다. 무엇을 원하는지 알려고도 하지 않는다. 그저 다른 엄마들이 시키니까, 다른 아이들이 다 하니까 내 아이만 뒤처질까 봐 이것저것 시킨다. 결국 내 아이의 특별한 장점이나 개성을 찾지 못한 채 점점 다른 아이들 뒤를 따라가기에만 급급하다. 아이들은 영문도 모른 채 부모의 등쌀에 못 이겨 오후 늦게까지 학원을 전전하며 솟구치는 열망을 마음속 깊은 곳에 꾹꾹 눌러놓는 지경에 이른다. 문제는 아이의 욕구를 억누른 채 부모의 욕심대로만 키운다면 아이가 스트레스를 받게 된다는 사실이다.

부모들은 나이나 경험으로 보아 아이들이 거치고 있는 발달 단계를 이미 겪고 다음 단계로 간 사람들이다. 그런 사람은 자신이 지나온 단계를 너무 수월하게 보는 경향이 있다.

"엄마는 학교 다닐 때 굶기도 했다. 뭘 그런 걸 가지고 엄살이니?"

"아빠는 어릴 때 밤새워 공부했는데 넌 매일 게임만 하는 거냐?"

"그까짓 것 가지고 뭘 그렇게 고민하니?"

"열심히 노력하면 안 되는 게 어딨어?"

하지만 아이에게는 지금 직면해 있는 세상이 전부다. 부모가 '그까짓 것'이라고 말하는 일이 아이에게는 최고의 고민거리가 될 수 있다. 부모가 아이의 생각과 고민, 욕구를 가벼이 여기면 아이는 부모와 더는 이야기하지 않으려고 한다. 공감 받지 못한다고 여길뿐더러 '그까짓 것 가지고 엄살이다'라며 핀잔을 받을까 두려워서이다.

심리학자인 매슬로의 '욕구단계론'에 의하면 인간의 욕구는 강도와 중요성에 따라 단계를 이룬다고 한다. 즉 가장 하위 수준에 해당하는 욕구의 강도가 가장 높고 최상위 수준에 해당하는 욕구의 강도가 가장 낮다. 그리고 하위 수준의 욕구가 제대로 충족되지 않으면 상위 수준의 욕구는 나타나지도 않는다. 차례대로 생존의 욕구, 안정의 욕구, 소속과 애정의 욕구, 존중의 욕구, 자아실현의 욕구 순이다. 물론 예외도 있지만 일반적으로는 생존의 욕구가 충족이 되어야 다음 단계인 안정의 욕구가 나타나고, 계속해서 상위 단계인 소속과 애정의 욕구, 존중의 욕구가 충족이 되어야 최종적으로 자아실현의 욕구가 나타난다는 것이다.

부모는 아이가 능력, 재능, 잠재력을 충분히 발휘하기를 원한다. 이것을 꿈, 즉 비전을 이룬다고 말할 수 있는데 대다수 부모는 아이가 꿈을 가지고 그것을 이루도록 하는 데는 관심을 갖지만 아이의 진정한 욕구는 파악하지 않는다. 아이에게 꿈을 가지라고 주장할 것이 아니라 먼저 하위 수준의 욕구가 충족되는지를 면밀히 살펴야 한다.

따돌림 문제로 힘들어하는 아이에게는 자아실현의 욕구가 나타나지 않는다. 이럴 경우 먼저 소속과 안정의 욕구나 존중의 욕구를 충족시켜줄 방안부터 찾아야 한다. 그 이후 진로나 비전에 대한 교육과 도움이 투입되어야 효과적이다. 이 모든 것이 천편일률적으로 적용되는 것이 아닌 만큼 아이의 욕구에 반응하는 부모의 타이밍과 방법은 매우 중요하다.

'줄탁동시啐啄同時'란 사자성어가 있다. 병아리가 알을 깨고 나와 세상 구경을 해야 하는데 알은 단단하기만 하다. 병아리는 알 속에서 열심히 껍질을 쪼지만 힘에 부친다. 이미 귀를 쫑긋 세우고 이날을 기다렸던 어미 닭이 밖에서 함께 쪼아준다. 답답한 알 속에 갇혔던 병아리는 어미 닭의 도움으로 드디어 세상 밖으로 나오게 된다.

알 속의 병아리가 껍질을 깨뜨리고 나오기 위해 쪼는 것을 '줄'이라 하고, 어미 닭이 밖에서 쪼아 깨뜨리는 것을 '탁'이라 한다. 이 두 가지가 동시에 발생해야 일이 완성될 수 있다는 고사성어가 바로 '줄탁동시'이다. 행복한 가정은 부모와 아이가 '줄탁동시'할 때 이루어진다.

현명한 '줄탁동시'는 어떤 것일까? 아이의 욕구를 채워준다고 섣불리 간섭하려든다면 오히려 역효과가 올 수 있다. 타이밍이 중요하다. 아이의 욕망이 터질 듯 간절해질 때, 생각의 임계점에 도달하려고 발돋움할 때, 진정으로 원할 때 부모가 아이의 손을 잡아주는 것이 현명하다. 아무리 좋은 가치를 지녔다 해도 상대가 갈망하는 때를 잘 맞추지 못하면 낭패를 보기 쉽다.

그렇다면 적절한 타이밍은 언제인가? 아이는 부모에게 손을 잡아달라는 신호를 보낸다. 이 신호를 잘 알아채야 제때 아이의 욕구를 충족시켜줄 수 있다.

그러려면 무엇보다도 관심과 경청이 중요할 수밖에 없다. 어미 닭이 병아리가 준비가 되었는지 또 어느 부위를 두드릴지를 알기 위해 알을 주시하듯 그렇게 아이에게 집중해야 한다.

아이가 어떤 것에 호기심을 가졌는지, 무엇을 원하는지 부모가 조금만 관심을 기울여보자. 간섭과 참견이 아닌, 아이의 진정한 욕구가 무엇인지 생각하는 지혜로운 부모가 아이의 미래를 바꾼다.

스티븐 스필버그의 부모
카메라만 만지던 아들이 아카데미 상을 수상하다

스티븐 스필버그는 미국의 영화감독이자 제작자다. 그의 초기 SF, 어드벤처 영화들은 할리우드 블록버스터 영화에 많은 영향을 끼쳤고 〈죠스〉를 시작으로 〈E. T.〉, 〈쥬라기 공원〉, 〈쉰들러 리스트〉, 〈라이언 일병 구하기〉 등 수많은 흥행 작품을 만들었다. 2013년 〈포브스〉 지는 그를 '세계에서 가장 영향력 있는 유명인사 100'에 선정하기도 했다.

1946년 12월 18일 미국 오하이오 주 신시내티에서 출생한 스티븐 스필버그는 어릴 때부터 장난꾸러기에 호기심 많고 상상력이 풍부한 아이였다. 유대인 아버지 아놀드 스필버그는 전기 기술자이면서 컴퓨터 전문가였고 어머니 레아 스필버그는 전직 콘서트 피아니스트였다. 1950년대 초까지 컴퓨터 산업은 아직 뿌리를 내리지 못하던 상황이라 스필버그 가족은 아버지의 직장에 따라 이리저리 옮겨 다녔다.

그때마다 스필버그의 어머니는 아들을 편협하게 키우지 않으려고 유대인 거주 지역이 아닌 기독교도들이 사는 지역으로 이사했고 스필버그는 코가 큰 유대인이라는 이유로 따돌림을 당하곤 했다. 그래서 스필버그는 자주 학교에 가기를 꺼려했고 그럴 때마다 어머니는 아이가 아프다는 편지를 선생님께 보냈다.

어느 날 스필버그의 아버지는 아들에게 8밀리미터 무비 카메라를 사주었다. 스필버그는 카메라에 홀딱 빠져 친구 대신 카메라를 만지며 노는 것을 더 좋아했다. 어린 스필버그는 자신의 영화에 가족을 배우로 등장시키곤 했다. 한 번은 자신이 직접 공포 이야기를 써서 세 여동생을 주연으로 출연시킨 적이 있는데, 이 영화에서 동생들은 수없이 죽는 장면을 찍어야 했다.

어머니 또한 아들이 찍은 영화에 기꺼이 배우로 출연했다.

어머니는 자녀가 호기심과 열정을 느끼는 일에 관심을 가지고 적극적으로 도왔다. 학교에 가지 않아도 스필버그의 부모는 야단치지 않고 아들이 다른 아이들과 다른 점을 오히려 긍정적으로 보았다. 대신 영화 만들기를 좋아하는 아들에게 창의성을 심어주기 위해 매일 동화책을 읽어주었다. 그 가운데 《피터 팬》은 스필버그에 의해 〈후크〉라는 제목의 영화로 만들어졌다.

"솔직히 나는 한 번도 전형적인 어머니였던 적이 없어요. 아들이 원하면 들어줘야 한다고 생각했을 뿐이에요. 그것이 아이의 독창성을 살리는 길이라고 믿었습니다."

스필버그 어머니의 이 말을 보면 아들의 개성을 인정하고 자신이 하고 싶은 것을 마음껏 하도록 내버려둔 것이 스필버그의 창의성을 키운 게 분명하다는 것을 알 수 있다.

스필버그는 한 인터뷰에서 이렇게 말했다.

"내 이야기를 가장 재미있게 들어주고 늘 대화를 나누며 옆에 있어준 사람은 어머니뿐이었습니다."

아버지도 스필버그의 창의성 발전에 일조했다. 어느 날 저녁 유성이 떨어질 것이라는 기상청 예보를 접하고 열세 살 된 스필버그를 데리고 사막으로 차를 몰았다. 거기서 담요를 깔고 누워 하늘에서 쏟아지는 유성을 밤새 관찰하게 했다. 그날의 경험은 5년 뒤 스필버그의 첫 영화 〈불꽃〉이 탄생하게 된 계기가 되었다. 아버지는 아들이 엔지니어가 되기를 바랐지만, 8밀리미터 무비 카메라를 손에서 내려놓지 않고 영화 찍기에 바쁜 아들의 재능을 꺾진 않았다.

스필버그가 고등학교 때 부모가 이혼하는 아픔을 겪었지만, 그 과정에서도 그의 부모는 아이들이 상처를 받지 않도록 최선을 다했다. 어쩔 수 없는 상황에서 아이들의 마음을 먼저 배려했다. 그렇다 하더라도 사랑하는 부모가 이혼하는 것만으로 자녀는 얼마나 고통스러운가? 그럴수록 스필버그는 영화 찍기에 몰두했다.

그는 대학 시절에도 수업은 이틀만 듣고 사흘은 유니버설 스튜디오로 가서 영화 찍는 것을 구경했다. 이미 고등학교 때부터 촬영장에 몰래 들어가 여러 번 쫓겨나기도 했다. 그는 빈 사무실을 찾아내 '스티븐 스필버그 사무실'이라는 명패를 붙여놓기도 했고 종일 촬영하는 것을 구경했다. 거기서 알프레드 히치콕과 같은 감독들이 일하는 걸 직접 보면서 자신도 언젠가 대감독이 되겠다는 꿈을 키워나갔다.

어느 날 스필버그는 사무실을 나와 해변을 산책하다 우연히 말동무를 한 명 만나게 되었다. 영화광이었던 그 남자와 이런저런 대화를 나누다 스필버그는 자신의 처지를 털어놓게 되었다. 그러자 느닷없이 그 사람이 스필버그에게 말했다.

"당신의 열정에 반했습니다. 내가 영화 제작 비용을 대겠으니 마음껏 영화를 찍어보세요."

알고 보니 그는 미국에서 손꼽히는 갑부였다. 그렇게 해서 데뷔작 〈엠블린〉이 탄생했고, 이 영화는 베니스 국제영화제 수상작이 되었다.

어릴 때부터 상상과 공상을 좋아하던 스필버그는 텔레비전을 보거나 장난감을 만지작거리며 늘 엉뚱한 생각을 떠올리곤 했다. 부모는 간섭하지 않고 내버려두었는데 이는 아들의 재능을 꺾지 않기 위해서였다.

"스티븐은 상상력이 정말 뛰어난 아이야. 그건 스티븐만의 재능이지."

부모가 아들을 믿고 자유롭게 키운 덕분에 스필버그는 상상의 나래를 펴고 마음껏 날 수 있었다. 그의 부모는 학교에 가지 않고 카메라만 만지작거리는 아들을 보고 '학교 안 가면 카메라를 압수하겠다'고 위협하지 않고 오히려 선생님께 아이가 아프다고 편지를 보냈다.

스필버그의 부모는 아이가 엉뚱한 일을 저질러도 '쓸데없는 짓'이라고 야단치지 않고 오히려 기발한 상상력이라고 격려했다. 하루는 공룡을 무척 좋아하던 스필버그가 공룡 영화를 찍겠다며 야단법석을 떨었다. 그때 옆에서 지켜보던 어머니가 말했다.

"스티븐, 여기에 공룡 울음소리가 있다면 정말 실감날 것 같지 않니?"

어머니는 클라리넷을 꺼내와 뛰어난 연주 솜씨로 공룡 울음소리를 내주었다. 덕분에 배경음악과 효과음이 들어간 근사한 공룡 영화가 탄생하였다고 한다.

우주라는 신비한 체험을 하게 하려고 깊은 밤에 아들을 깨워 사막 한가운데에서 쏟아지는 유성비를 보게 한 아버지, 학교에 잘 가지 않고 공부도 못하며 심지어 따돌림을 받는 아들을 끝까지 믿고 격려한 어머니. 스필버그가 아카데미 상을 일곱 번이나 받으며 '20세기가 낳은 가장 위대한 영화감독'이라는 찬사를 받게 된 것은 모두 그의 부모 덕이었다.

아이를 설득해서
내 편이 되게 하라

부모는 사랑하는 자녀가 바르게 자라도록 그동안 터득한 온갖 지혜
와 경험을 총동원, 아이를 설득해 좋은 길로 이끌려고 한다. 그런데
아이가 잘못하고 있다고 알려주고 싶을 때 부모는 어떻게 하는 것
이 가장 좋을까?

STORY

어떤 상인이 말을 끌고 사막을 지나려 했다. 상인은 긴 여정을 떠나기 전
에 말에게 물을 많이 먹이려 했다. 그래서 말을 끌고 강가로 갔으나 말은
물을 먹지 않았다.

"말을 강가로 끌고 갈 수는 있어도 물을 먹게 할 수는 없구나."

상인은 자기 마음을 몰라주는 말에게 서운했지만 억지로 물을 먹일 수는 없었다.

이 이야기가 주는 교훈을 무엇일까? 우선 상인과 말의 관계를 살펴보자. 사람과 동물인 말은 일단 대화가 통하지 않는다. 기껏해야 상인은 말의 고삐를 끌고 강가로 이끄는 일만 할 수 있다. 더 나아가 온 힘을 다해 상인이 말의 고개를 물에 처박을 수는 있겠지만 말이 입을 벌리지 않는다면 물을 먹일 수는 없다. 상인이 말의 언어로 대화하지 않는 이상 더 이상의 협상이나 설득은 통하지 않는다.

그럼 이 상황을 지금 시대의 부모와 자식 관계로 풀어본다면 어떨까? 부모와 자녀는 살아온 시대가 다르기 때문에 서로를 깊이 이해하거나 공감하기가 어렵다. 하지만 부모는 어떻게든 아이가 공부에 전념할 수 있도록 온갖 물질이나 칭찬 등으로 보상을 하면서 책상머리까지 데리고 온다. 이제는 말이 자발적으로 입을 벌려 물을 먹을 수 있도록 설득이 필요하듯이 아이와도 마찬가지의 과정이 요구된다. 아이가 스스로 공부를 하지 않는다면 부모가 대신 해줄 방법은 없다. 어떻게 해야 아이가 자신의 인생에 도움이 되는 행동을 기쁜 마음으로 하게 할 수 있을까?

우선 설득이 무엇인지부터 알아보자. 설득은 단지 그럴듯하게 말을 잘하는 것만이 아니다. 아이가 부모의 말을 진심으로 받아들이고 따르게 해야 한다. 화려한 언변이나 감언이설이 아니라 진심이 통해 마음을 움직이는 것이 진정한 설득이다.

그렇다면 내 아이를 설득하기 위한 전제조건을 알아보자.

첫째, '부모는 아이를 통제해야 한다'는 생각을 버려야 한다. 부모와 자녀를 단순히 강자와 약자, 지배와 복종의 관계로 여기는 생각을 버려야 한다. 부모가 자녀를 인격체로 대할 때만 아이를 진정으로 설득할 수 있다.

둘째, 부모의 권위적인 대화의 패턴을 깨닫고 바꾸려고 노력해야 한다. 부모는 그동안 뿌리 깊은 유교적인 교육을 받아왔기 때문에 권위를 앞세운 명령형의 대화가 익숙하다. "뭐해? 빨리 하지 못해?", "하라면 하지 어디서 말대꾸야!", "너 어디서 배운 말버릇이야?" 등의 말이 자동적으로 나온다. 지금까지 입에 익은 대화 패턴을 바꾸기란 쉽지 않으므로 부모 자신의 의지와 노력이 필요하다.

셋째, '아이의 생각은 아직 미숙하다'라는 부정적인 생각을 깨뜨려야 한다.

어리다고 아이 의견을 무시하려는 경향이 있다. 하지만 자의식은 이미 형성되어 있으므로 부모의 생각을 강요하는 것은 옳지 않다.

아이를 동등하게 대해주고 아이의 생각이 옳다면 받아들일 수도 있어야 한다.

부모와 자녀의 관계는 태내 혹은 출생 직후부터 시작된다. 아이는 부모의 보호를 받으며 성장하고 부모도 아이를 위해 기쁜 마음으로 최선을 다한다. 하지만 아이를 키우면서 점점 한계에 부딪히며 부모 역할이 힘들어진다. 자칫 양육을 잘못할 경우 오히려 자녀가 부모의 고통이 되는 일도 적지 않다. 자녀를 성공적으로 키우고 싶지만 마음대로 되지 않아 부모는 걱정과 죄책감을 안게 되기도 한다.

요즘에는 초등학교 5학년만 되도 사춘기에 들어서서 부모보다 친구를 더 따른다. 집에 돌아와서 방문을 닫고 친구들과 온라인 게임을 하거나 밤늦도록 스마트폰 채팅에 빠져 있는 아이와 갈등하는 부모가 많다.

아이는 또래 문화에 속하게 되면서 부모의 권위에서 벗어나려고 한다. 하지만 부모는 쉽게 권위를 놓지 않으려는 경향이 있고 아이가 이에 반항하면서 갈등이 심화된다.

무엇보다 아이와의 원활한 의사소통을 위해 부모와 자녀의 관계 회복이 시급하다. 부모가 무조건 명령하고 훈계하려든다면 아이는 점차 마음의 문을 닫게 될 것이다. 또한 화를 참지 못하고 분노를 폭발했을 때 아이에게 미칠 부정적인 영향에도 주의해야 한다. 특히

욕설이나 비난, 빈정거림 등은 부모 자녀 간의 관계를 더욱 악화시키고 결국 서로 분노와 죄책감을 가슴에 안게 되어 갈등의 골은 더 깊어만 간다.

중학교 1학년인 딸 송이와 엄마는 눈만 마주치면 싸우는 앙숙관계가 된 지 2년째이다. 딸과 갈등을 일으키게 된 원인은 여덟 살 터울의 동생 솔이를 낳은 후부터이다. 송이는 미용실을 하는 엄마가 자신에게는 공부하라고 다그치고 동생만 예뻐한다는 생각에 반항하기 시작했다. 송이가 집에 오면 방문을 걸어 잠근 채 혼자서 컴퓨터 게임을 하거나 스마트폰에 빠져 지내자 부모의 걱정은 이만저만이 아니었다.

"아무리 야단을 쳐도 안 돼요. '엄마 일이나 잘하세요' 하면서 콧방귀도 안 껴요."

아이의 감정이나 능력을 고려하지 않고 부모가 원하는 바만 일방적으로 요구하면 아이는 부당하다고 생각한다. 그래서 부모의 말을 수용하지 않고 반항하게 되고 결국은 부모 자녀 간의 의사소통은 단절되고 만다. 부모의 관심과 애정이 필요했던 송이는 '공부하라!'고만 다그치는 엄마에게 실망감과 분노를 느끼게 되었고, 게임이나 스마트폰으로 대상을 옮겨 스트레스를 풀게 된 것이다.

　부모 자녀 간의 효율적인 의사소통을 위해서는 아이의 마음을 움직이는 '설득'이 필요하다. 설득은 '공부하려고 책상에 앉아 있는' 행동을 요구하는 것이 아니라 '공부를 하고 싶은' 마음이 들도록 깨우쳐주는 작업이다. 회초리나 잔소리가 아닌 '설득'을 할 때 아이는 부모와 건강한 관계를 회복하게 된다.

아이를 설득하는 효과적인 기술

첫째, 아이의 이야기를 듣는다

부모가 하고 싶은 이야기를 일방적으로 지시하거나 명령하지 말고 아이의 의견을 들어라. "이달에 스마트폰 요금이 많이 나왔는데 어떻게 된 일인지 너의 말을 듣고 싶구나"라며 화를 내기 전에 아이 말을 먼저 듣는다. 부모가 먼저 경청하는 자세를 보여주어야 아이 또한 부모의 말을 경청하게 된다.

둘째, 재촉하지 않고 기다린다

아이에게도 생각할 시간이 필요하다. "내일까지 방청소 똑바로 해놓지 않으면 혼날 줄 알아라!"보다 "언제까지 네 방을 청소해놓을 수 있니?"라며 아이에게 생각하고 선택할 시간을 준다. 좀 더 여유를 가지고 기다리는 자세가 필요하다.

셋째, 훈육할 때 부모는 한편이 되어야 한다

엄마가 아이를 훈육할 때 아빠가 "그런 것을 가지고 왜 애를 나무라고 그래? 당신 일이나 잘하셔!"라고 비아냥거리는 것은 금물이다. 이것은 아이 앞에서 부부가 서로의 권위를 깎아내리는 행동이다. 그렇게 되면 부모가 원하는 훈육을 제대로 할 수 없게 된다. 설사 상대방의 훈육 방법이 마음에 들지 않더라도 아이 앞에서 지적하지 말고 따로 의견을 나누어야 한다.

부모 자녀 간의 대화는 관계를 개선할 수도, 악화시킬 수도 있음을 명심해야 한다.

그릴 수 있는
가장 큰 꿈을 꾸게 하라

'코이'라는 관상용 물고기가 있다. 이 물고기는 작은 어항에서 키우면 8센티미터까지 자라고 큰 수족관이나 연못에서 키우면 20센티미터까지 자라지만 강물에 방류하면 120센티미터까지 자란다고 한다.

눈에 보이는 객관화된 사실은 누구나 볼 수 있지만, 눈에 보이지 않는 '꿈'을 붙잡기는 쉽지 않다. 고정된 프레임, 즉 작은 어항의 '코이'처럼 더는 꿈이 자라지 않는 아이를 보면 마음이 답답해진다.

나폴레옹은 "모든 성취는 꿈을 꾸는 것으로부터 시작된다"고 말했다. 하지만 더 중요한 것은 자신이 이룰 수 있는 가장 큰 꿈을 꾸는 것이다.

일본 소프트뱅크의 손정의 회장은 2010년 소프트뱅크 30주년 주주총회에서 2시간에 걸쳐 앞으로 30년간의 이념과 비전을 뜨겁게 토해냈다. 그의 꿈은 '정보 혁명을 통해 사람들을 행복하게 만들겠다'는 것이었다.

손정의는 1957년 일본 사가 현에서 태어난 재일 한국인 3세이다. 그는 어릴 적 가난과 편견 등 수많은 어려움을 겪으면서도 어떻게 해서든지 이겨내겠다는 의지를 다졌다고 한다. 중학교 때 이미 세계적인 사업가가 되겠다는 꿈을 품고 열여덟 살에 미국으로 건너간 그는 어느 날 마이크로프로세서의 사진을 보고 디지털 사회가 품은 가능성에 마음을 빼앗겼다.

"앞으로 50년간 한눈팔지 않고 내 모든 역량을 쏟을 수 있는 일이 무엇일까?"

그는 1981년 자본금 1,000만 엔으로 단 두 명의 사원을 데리고 일본 소프트뱅크를 설립했다. 사업 첫날, 손정의는 사과 궤짝을 엎어놓고 그 위에 올라가 '1조 원 매출 목표'를 선언했다. 두 사원은 사장의 뜬구름 잡는 허무맹랑한 소리에 '미친놈'이라고 욕을 하며 두 달 만에 회사를 떠났다. 하지만 손정의의 미친 꿈이 현실이 될 줄은 아무도 몰랐다.

그렇게 시작된 손정의의 도전은 소프트뱅크를 사원 2만 명을 거느리고 시가 총액이 2조 엔을 넘어서는 거대 그룹으로 성장하게 했다. 이뿐만이 아니다. 그는 30년 후엔 시가 총액 200조 엔까지 도달하겠다고 선언했다. 또한 트위터에 "자신의 한계는 포기하는 마음이 결정하는 것이다. 포기하지 않는 한 한계는 없다"며 새로운 도전을 암시하는 글을 남겼다. 남이 '미쳤다'고 할 정도로 큰 꿈을 꾸고 최고를 향해 도전하는 손정의의 끝이 어디일지 궁금할 정도이다.

손정의는 주어진 환경의 틀을 깨고 꿈을 향해 끝없이 나아갔다. 어항이나 연못의 코이처럼 현실에 안주하지 않고 강물에 몸을 던져 꿈을 키워갔다.

요즘 아이들은 일찍 꿈을 접는다. 자신의 잠재력이 얼마나 되는지 의문을 품기도 전에 너무나 일찍 현실에 안주해버린다. 그런데 한번 생각해보자. 아이들 스스로 그렇게 일찍 꿈을 접은 걸까?

아이들은 어릴 때 "아나운서가 되겠다", "변호사가 되겠다", "과학자가 되겠다", "인기 가수가 되겠다"라며 제법 큰 꿈을 자랑스럽게 이야기한다. 하지만 자랄수록 점점 평범해진다. 그리고 대학에 갈 때가 되면 꿈보다는 점수에 맞춰 진학을 한다. 드디어 취업할 시기가 닥쳐오면 '어디든 취업만 해도 감지덕지'라고 말하며 현실에 안주하려고 한다.

나이가 들면서 현실적인 생각을 하고 안주하려는 것은 어찌 보면 당연한 일이다. 하지만 요즘은 꿈을 포기하고 현실에 안주하는 시기가 너무 빨라진다는 것이 문제이다. 일찍이 대학 입시 준비를 시작하고 대학 입시 이후엔 취업에만 초점이 맞춰진다. 빠른 아이들은 초등 저학년 때부터 부모에 의해 미래가 결정되어 있다. 자식이 안정적인 직장을 가지고 남들보다 편하게 살았으면 하는 바람은 어느 부모나 같다. 하지만 아이의 잠재성은 부모라도 미리 알 수 없다.

자라는 과정에서 아이의 장기적인 인생 목표를 부모가 정하려고 하지는 않았는지 돌아보라. 아이의 삶을 부모가 강요해서 공무원이나 교사 등 안정적인 직업으로만 이끌어서는 안 된다. 이는 자신의 미래를 선택할 아이의 권리를 부모가 빼앗는 것과 같다. 아이를 위해서라는 부모의 강박적인 프레임을 아이에게 덧씌우는 오류를 범하지 않아야 한다.

어릴 적 꿈을 이루고 살기란 쉽지 않다. 나 역시 작가를 꿈꿨지만 막상 대학 진학을 앞두고 현실을 무시할 수 없어 상대적으로 안정된 직업인 교사가 되기 위해 교대를 택했다. 하지만 난 누군가의 강요나 주장에 의해 꿈을 접은 것은 아니었다.

결혼한 뒤 아이를 낳아 엄마가 된 이후에도 나의 꿈은 잠재의식 속에 남아 있었다. 가끔 인터넷에 글을 올리기도 하고 신문에 좋은 글이 있으면 블로그에 옮겨 쓰기도 했다. 마음속에는 '언젠가 반드시 책을 쓰리라'는 생각이 자리 잡고 있었다. 어릴 적 그 꿈은 사실 잊힌 것이 아니었던 모양이다. 교육 관련 책을 공저한 후 나에게 글쓰기는 믿을 수 없을 만큼 가슴 떨리는 행복한 작업이 되었다. 어린 시절의 꿈을 이뤄나가는 과정에서 진정한 행복을 맛보고 있는 것이다.

무엇이 아이의 꿈을 높이 못 날게 하는 건지 돌아보자. "발은 땅에 붙이고 이상은 하늘을 날게 하라"는 격언이 있다. 요즘에는 높은 이상을 품고 자라는 아이를 만나기가 쉽지 않다. 사람은 자신이 상상해본 미래에만 도달할 수 있다. 설령 상상한 미래에 다 도달할 수 없다 하더라도 상상하지도 않은 아이가 그 너머까지 나아갈 수는 없다. 목적지 없이 달리는 기차는 원하는 곳에 도착할 수 없지 않겠는가.

나는 우리 아이들이 빅 픽처를 그려나가기를 바란다. 꿈이 없는 사람은 하루를 소비하지만 꿈이 있는 사람은 하루를 창조한다. 더구나 빅 픽처가 있는 사람은 인생을 살아가는 동안 힘든 일이 있어도 길을 잃지 않는다. 나침반처럼 분명한 방향을 갖고 있기에 흔들려도 다시 제 길로 돌아온다.

부모는 '가정의 CEO'로서 아이가 빅 픽처를 그리고 있는지 대화와 관심을 통해 살펴보아야 한다. 빅 픽처가 그려졌다면 조각 픽처로 나누어 하나씩 실행할 수 있도록 힘을 주고 격려해야 한다. 사실 아이가 그릴 수 있는 가장 큰 꿈, 빅 픽처를 그릴 수 있다면 인생의 절반은 성공한 것이나 다름없다.

하버드 대학의 한국인 중 40퍼센트가 학업을 중도에 포기한다고 한다. 또 낙제하는 동양인 학생 열 명 중 아홉 명이 한국계라고 한다. 하버드 대학교 교육위원회가 오랜 기간 조사한 결과 그 이유는 다음과 같았다.

"그들에게는 장기적인 인생 목표가 없었다."

목표를 명문대 입학으로 잡았던 학생은 높은 점수를 따기 위한 공부만 하다 대학에 들어간다. 당연히 대학에서 이전과 다른 방법으로 공부하는 방식을 따라잡기가 힘들었고 결국 대학마저 포기하기에 이른 것이다. 이들에게 만약 빅 픽처가 있었다면 어땠을까? 그렇게 힘들게 들어간 대학을 그만둘 수 있었을까? 아무리 어려워도 끈기를 가지고 이겨냈을 것이다.

1등이 목표가 아닌, 그릴 수 있는 가장 큰 꿈을 꾸게 해 빅 픽처의 밑그림이라도 그려보면 좋겠다. 생각만 해도 미소가 번지는 그런 빅 픽처 말이다. 빅 피처가 있다면 아이가 인생의 고비마다 그 그림을 보며 스스로 더 나은 삶을 살자고 다짐할 수 있을 것이다. 밑그림에 하나씩 색을 입혀가면 마침내 빅 픽처는 완성된다. 워렌 버핏의 '스노볼 snowball 효과'처럼 손바닥 안의 작은 꿈을 뭉쳐서 조금씩 굴리면 눈덩이처럼 커져 마침내 자신이 그토록 바라던 큰 꿈을 이루게 된다.

아이의 인생은 자신만이 완성할 수 있는 그림이다. 부모는 아이 스스로 자신만의 프레임으로 꿈을 그려가도록 기다려주자. 나의 빅 픽처가 아니라 아이만의 빅 픽처를 마음껏 그리라고 격려하는 부모가 되자.

상처를 자각하지 않으면
대물림된다

정신과 의사 휴 미실다인은 "어린 시절 위로 받지 못하고 자란 과거 내재아 inner child of the past는 성인이 되어도 내면에 그대로 존재한다. 어린 시절은 모든 감정이나 태도와 더불어 우리의 삶이 끝나는 그날 까지 실질적으로 우리를 따라다닌다"라고 말했다.

우리는 현재의 삶 속에서 여전히 과거에 부모에게서 받았던 상처 를 떨쳐버리지 못한 채 살고 있다. 어릴 때 받은 상처는 교통사고 후 에 날씨만 찌뿌둥하면 도지는 통증처럼 시도 때도 없이 우리를 괴롭 힌다. 알코올 중독인 아버지에게 매질을 당했던 일, 이혼한 부모를 떠나 외할머니 손에서 자란 일, 자살한 어머니, 충격적인 말들, 친구들한테 왕따 당했던 일 등등……. 그런 무섭고 힘든 상처를 떠올리는 것은 고통 그 자체이다.

이러한 상태를 심리학 용어로 정서적 트라우마라고 한다. 트라우마 trauma 란 정신적인 외상, 즉 영구적인 정신장애를 남기는 충격을 말한다. 보통 정서적 트라우마가 있는 사람은 충격을 받았던 때와 비슷한 상황에 처하면 이전에 경험했던 상처가 되살아나 극도로 불안해진다.

2011년 〈EBS 다큐프라임〉이라는 프로그램에서 '마더쇼크' 편을 방영하였다. 이 프로그램에서 진행한 '모성 회복 프로젝트'에 참여한 엄마들은 모두 어린 시절 자신의 엄마 또는 아버지로부터 상처를 받은 경험이 있었다. 그녀들은 친정 엄마 앞에서는 차마 꺼내지 못한 말들을 털어놓았다.

"엄마, 내 안에는 상처 받은 아이가 있어. 그 아이는 아직도 자라지 못했고,
상처를 회복하지 못했어. 그 아이는 지금도 계속 울고 있어."
"오빠들이랑 남동생이 일 안 하는 건 뭐라고 하지 않았으면서 왜 내가 안
하면 그렇게 심하게 대했어?"

이런 트라우마는 자식을 낳기 전에는 기억 속에 가만히 잠자고 있다 자신이 아이를 낳아 부모가 되어 같은 상황에 직면하면 깨어난다. 부모에게 받았던 상처가 눈에 보이는 것처럼 생생한 이미지로 떠오른다. 아이를 키우는 순간순간 그 기억이 되살아나 친정 엄마와 겹쳐지고 또 아이와 겹쳐지기도 한다. 아이도 자신에게 상처 받는다고 생각하니 자신에게 상처 준 친정 엄마를 더욱 원망하게 된다. 아동 가족 치료 전문가인 최성애 박사는 이것을 '모성의 대물림' 때문이라고 말한다.

아기는 엄마로부터 받은 경험으로 뇌 회로가 형성됩니다. 거의 무의식적으로 정서, 기억, 상처와 같은 것들이 그대로 회로에 영향을 미칩니다. 이러한 영향은 오랫동안 습관화되어 자연스럽게 느껴지는 거예요. 따라서 그런 정서, 기억, 상처가 싫었다고 하더라도 자신이 어른이 되어서 아이를 낳으면 자연스럽게 그대로 아이에게 행하게 됩니다. 그것을 '모성의 대물림'이라고 합니다.

내 안에도 오랫동안 내면의 상처가 있었다. 도박으로 가산을 탕진하던 아버지가 어렵사리 엄마가 빌려 온 내 고등학교 등록금마저 날

리던 일, 가출을 감행한 엄마가 며칠 만에 돌아와서 "내가 네 아버지 잘못 만나서 이렇게 고생한다. 어이구, 지지리도 복 없는 내 팔자야!" 하며 신세타령하던 일 등 자라면서 내 상처와 분노는 소리 없이 깊어갔다. 그런 부정적 정서를 대물림 받아 엄마가 된 나는 힘들 때마다 아이들에게 화를 내고 분노를 터뜨렸다.

"어휴, 넌 왜 그렇게 엄마 말을 안 듣니?"

"도대체 넌 누굴 닮아서 그 모양이야?"

"내 그럴 줄 알았어!"

친정 엄마에게 긍정적인 지지를 받지 못했던 내가 그토록 싫었던 부정적 감정을 아이들에게 전달하고 있음을 발견하고 소스라치게 놀랐다.

'부성의 대물림' 역시 마찬가지이다. 긍정적이든 부정적이든 아버지에게서 받은 영향을 대다수 자녀들은 고스란히 재현한다. 예를 들면 알코올 중독인 아버지가 술에 취하면 어머니를 때리는 것을 본 아들은 아버지를 미워하며 자란다. 그리고 '나는 절대 아버지처럼 살지 않을 거야!'라고 다짐하지만 가정을 이룬 아들 역시 술만 취하면 자신의 아내를 때리기도 한다.

대물림은 단순한 '행동'의 모방뿐만이 아니라 '정서'의 모방도 포함된다. 어릴 때 아버지에게서 느낀 부정적 정서를 어른이 된 다음에도 떨쳐내지 못하고 느끼는 것, 전문가들은 그 이유를 '감정의 학습'

때문이라고 말한다. 부모와의 관계에서 특정 감정을 반복적으로 경험하면 해당 신경회로가 마치 잘 닦인 고속도로처럼 뻥 뚫린다는 것이다. 그래서 비슷한 자극이 들어오면 객관적인 상황 등을 판단하지 않고 정해진 회로대로 감정 반응을 한다. 결국 컵을 깨뜨리거나, 동생을 때리거나, 떼를 쓰는 일상적인 상황에서도 마치 아이가 엄청나게 큰 잘못을 저지른 것처럼 화를 내고 닦달을 하게 된다.

이렇게 대물림의 악순환을 겪고 있는 사람은 가장 먼저 자신의 어린 시절을 돌아보며 자신에게 문제가 있다는 사실을 인식하는 것이 중요하다. 그런 뒤에는 '부정적 모성애'를 물려준 친정 엄마가 처했던 시대적 상황을 이해하고 공감하려는 노력을 해야 한다. 그리고 부정적인 대물림을 끊으려는 노력이 절실하다. 어린 시절의 자아는 과거로 돌려보내고 성인의 자아로 현실을 새롭게 바라봐야만 대물림을 끊고 정상의 나로 회복될 수 있다.

이제 부모들은 '상처 받은 내재아'와 대면하고 그 실체를 마주해야 한다. '상처 받은 아이'를 똑바로 바라보기가 고통스럽다고 아무 일 없는 것처럼 겉만 그럴듯하게 봉해놓으면 문제가 끝나는 것이 아니다. 엄마의 마음속에서 상처로 범벅된 아이를 놓아주자. 친정 엄마도 나름대로 최선을 다했지만 무서운 대물림을 알지 못하고 당신의 방법대로 마음속의 한을 풀어놓았을 따름이다.

친정 엄마의 '부정적 모성애'를 물려받았다고 해서 꼭 '나쁜 엄마'

가 되라는 법은 없다. '좋은 엄마'가 되기를 원하고 노력하면 그 대물림에서 벗어나 충분히 '긍정적인 모성애'를 이끌어낼 수 있다.

어떤 전문가는 가족을 '모빌'에 비유한다. 하나가 움직이면 모두가 영향을 받기 때문이다. 같은 시스템 속에 있는 가족은 서로서로 감정의 영향을 받을 수밖에 없다. 특히 가족의 중심에 있는 아버지의 정서는 안정적인 가족 시스템을 유지하는 데 핵심적이다.

나 역시 '부정적 부성애'도 함께 받았지만 당신 또한 우리 여섯 남매가 잘되기를 바라는 평범한 대한민국의 아버지였다는 것을 깨달았다. 당시 시대 상황이 지금처럼 제대로 일할 곳도 없고 놀 곳도, 마음 둘 곳도 없었을 뿐이다. 아버지는 단지 자녀를 어떻게 사랑해야 하는지 몰랐다. 아무리 모자란 아버지라도 고마운 점이 하나도 없을 수는 없을 터, 아버지를 객관적으로 이해하고 내게 상처를 준 아버지를 과거로 돌려보내자.

물론 쉽지 않다. 모든 변화에는 고통이 따르기 마련이다. 그중에서 가족 시스템은 변하지 않으려는 속성이 더 강하다. 그러나 언제까지 이 부정적인 대물림을 계속할 것인가? 아이를 사랑하면서도 행복하지 못한 부모들은 이제 상처의 허물을 벗고 아이에게 다가가자. 상처는 가면과 같아서 실체를 목격한 사람은 속일 수 없다. 자신의 존재를 드러낸 상처는 이빨 빠진 호랑이처럼 힘이 없어진다.

지금 '내 안의 상처 입은 아이'를 직시한 부모는 '좋은 부모'가 되는 보증수표를 받은 것과 같다. 부정적인 대물림을 끊고 우리 아이에게는 더욱 행복한 미래를 물려주어야 할 책임이 부모에게 있다. 내 아이에게 긍정적인 유산을 물려주기 위해 노력한다는 사실 하나만으로 당신은 이미 '좋은 부모'의 길에 들어섰다. 부정의 대물림을 끊고 '좋은 부모'가 되기 위해 노력하는 당신은 이미 충분히 '좋은 엄마'이고 '좋은 아빠'이다.

부모는 가정을 경영하는 CEO이다

요즘 이혼이 급증하여 사회 문제가 되고 있다. 부부 사이가 금이 가면 상처와 갈등 속에서 자녀의 자존감이 낮아지고 심지어는 학업과 교우 관계에까지 문제가 생기는 경우가 드물지 않다.

또한 가정 내 패륜 범죄로 사회를 시끄럽게 하는 기사가 심심찮게 뉴스거리가 되고 있어 안타깝다. 얼마 전에는 고교생 아들이 부모의 다툼에 불만을 품고 경찰관 아버지를 흉기로 살해해 충격을 준 데이어 여자친구를 데려왔다고 꾸짖는 아버지를 스무 살 아들이 흉기를 휘둘러 상처를 입힌 일도 있었다.

아빠는 온종일 회사에서 상사 눈치를 보다 잔뜩 쌓인 스트레스를 술로 풀고 밤늦게 돌아온다. 어쩌다 마주쳐도 서로 접점이 없어진 사춘기 아이들은 시큰둥하게 아빠를 대하고 스마트폰만 들여다본다. 아버지는 대화 상대가 아니라 돈 벌어다주는 기계에 불과하다. 그렇다고 아이들이 늘 공부하라고 잔소리하는 엄마와의 관계가 편한 것도 아니다. 종일 학교와 학원에서 지친 아이들은 스마트폰 게임이 유일한 대화 상대이고 스트레스를 푸는 방법이다. 하지만 엄마 눈에는 자녀가 집에 오면 게임만 하는 것 같아 눈에 거슬린다.

한 집에 거주하되 사랑과 믿음, 철학이 없는 가정은 의식주 문제만 해결하기 위한 집단에 불과하다. 소리 없는 갈등은 흉기와 같아서 언제 가정을 무너뜨리고 상상치 못할 패륜 범죄로 이어질지 아무도 장담할 수 없다.

《무기여 잘 있거라》, 《누구를 위하여 종은 울리나》, 《노인과 바다》 등의 작품을 남긴 20세기 최고의 작가 헤밍웨이는 엄청난 명예와 부를 누렸지만 그의 마지막은 끔찍했다. 엽총을 입에 물고 스스로 방아쇠를 당겼다. 대체 왜 그랬을까? 네 번이나 결혼한 그의 일생에 큰 영향을 미친 사람은 편집증 증세가 있던 어머니라고 한다.

"엄마의 기대에 부응해 부끄럽지 않은 자식이 되도록 꼭 출세해야만 해!"

이렇게 아들을 닦달한 어머니 못지않게 아버지도 엄격하기는 마찬가지였다. 너무 강한 부모의 성격은 헤밍웨이에겐 콤플렉스가 되었고 그는 매사에 외골수로 살았다. 노벨 문학상까지 받았지만 자존감이 부족해 마음속 깊은 곳의 평온은 누리지 못했다고 한다.

아이를 부모가 원하는 대학에 보내려다 갈등을 겪는 사례도 주위에서 자주 찾아볼 수 있다. 얼마 전에 인터넷에서 어느 특목고 학생의 진로 갈등에 대한 상담 사례를 본 적이 있다. 학생은 고등학교에 입학할 때부터 부모와 갈등을 겪었다. 일반고에 들어가고 싶었지만 부모의 완강한 고집을 꺾을 수가 없어서 특목고에 갔다. 하지만 공부 잘한다는 학생이 모인 특목고에서 고등학교를 다니는 3년 내내 하위권을 면치 못한 학생은 자신감이 더욱 떨어졌다.

그런데 대학 입학을 앞두고도 자신의 소원인 간호학과 대신 경영학과를 지원하라는 말에 이 학생은 좌절감을 느꼈다. 정신과 간호사가 되어 아픈 사람들을 보살피고 싶었지만 부모는 간호사에 대한 부정적인 말만 계속하고 딸의 마음을 이해해주지 않았다.

"간호사가 얼마나 힘든 직업인 줄 알고 그런 말 하니? 경영학을 전공해서 나중에 대기업에 취업하는 것이 제일 안전해."

이렇듯 아이의 생각을 저버리고 자신의 기대에 맞추어 살기를 바라는 부모가 많다. 이런 부모에게 하루빨리 아이의 인생을 좌지우지하려는 생각에서 벗어나라고 말하고 싶다.

모든 부모는 자식이 잘되기를 바라고 헌신한다. 하지만 그것이 자식에게 부담으로 작용한다면 부모는 생각을 달리할 필요가 있다.

부모는 종종 자신과 아이의 세상이 일치되기를 기대하며 큰 오류를 범한다. 이는 부모가 아이를 최선을 다해 보살피듯 아이는 부모를 위해 부모의 마음을 이해하여 기대를 충족해줘야 한다는 보상심리가 작용하는 것이다. 기대대로 되지 않을 때 부모는 아이를 억압하며 강제하려들고, 그런 부모 밑에서 아이는 좌절만 경험하게 된다.

나는 피터 레이놀즈의 《점》이라는 그림책을 보고 크게 느낀 것이 있었다.

STORY

그림에 별 소질이 없는 베티는 모두 나가버린 텅 빈 미술실에 혼자 앉아 있다. 아무것도 그리지 않은 하얀 도화지를 앞에 두고 앉아 있는 베티에게 선생님은 "와! 눈보라 속에 있는 북극곰을 그렸네" 하고 말했다. 자기를 놀린다고 생각한 베티에게 선생님은 빙그레 웃으시며 무엇이든 좋으니 하고 싶은 대로 해보라고 한다. 그러자 베티는 쥐고 있던 연필을 도화지 위에 그냥 내리꽂아 작은 점 하나를 찍었다. 선생님은 한참 보시더니 "자, 이제 도화지에 네 이름을 쓰렴" 하고 말했다.

다음 미술 시간, 교실에 들어서던 베티는 깜짝 놀란다. 금테 액자에 멋지게 끼워져 걸려 있는 작품은 다름 아닌 베티가 찍은 점 그림이었다. 자신감을 얻은 베티는 이제껏 한 번도 써보지 않은 물감을 꺼내 새로운 점들을 그리기 시작한다. 빨강, 노랑, 초록……. 물감을 혼합해 새로운 색깔을 만들기도 하고 색다른 표현방법을 생각해내기도 하면서 베티의 점은 점점 예술 작품으로 변모되어간다. 베티는 자신이 그린 점들을 가지고 전시회를 연다. 미술 시간을 두려워했던 베티가 멋진 예술가로 재탄생한 것이다. 베티의 전시장을 찾은 사람들 틈에서 한 아이가 베티에게 다가온다. 자기도 베티처럼 그림을 잘 그렸으면 좋겠다고 수줍게 고백하는 아이. 베티는 그 아이에게 말한다.

"너도 할 수 있어."

선생님의 격려 한마디, 아이의 무한한 가능성을 지켜봐 주는 따뜻한 시선 하나가 아이에게 자신감을 일깨워주었다. '백지'에서 '점'으로 그리고 '작품'이 만들어지기까지 닦달하지 않고 기다려준 선생님이 있었기에 베티는 멋진 예술가가 되었다.

부모도 마찬가지이다. 앞에서 끌고 일방적으로 지시만 한다면 마음까지 움직이기는 어렵다. 때로는 가능성의 싹이 틀 때까지 아이를 기다려주고, 앞으로 나아가려고 용트림할 때는 칭찬하고 용기를 주어야 한다.

아이의 밝고 행복한 미래를 창조하는 행복 발전소가 바로 가정이다. 가정의 CEO인 부모가 어떻게 가정을 이끌고 자녀를 교육하느냐에 따라 아이의 미래가 결정된다.

아이는 부모의
VIP 고객이다

부모가 가정을 경영하는 CEO라면 아이는 부모의 고객이다. 부모
는 아이가 부모의 기대를 충족시키기 위해 존재한다는 생각을 버려
야 한다. 이렇게 생각해보자. 백화점이나 은행을 가면 손님을 대하
는 직원의 태도나 인사가 '나도 좀 괜찮은 사람'이라는 착각이 들 정
도로 친절하다.

"어서 오세요, 고객님!"

세상에서 가장 반가운 사람을 맞이하는 것처럼 고객 한 명 한 명
에게 정성을 다하는 태도와 인사는 우리의 마음을 밝게 만들어준
다. 고객을 맞이하는 직원은 집에서 불편한 감정을 갖고 나왔을지라

도 절대 그것을 드러내지 않는다. 지식백과에는 이러한 '감정 노동'을 말투나 표정, 몸짓 등 드러나는 감정 표현을 직무의 한 부분으로 연기하기 위해 자신의 감정을 억누르고 통제하는 일을 수반하는 노동이라고 적고 있다. 그런데 우리 부모는 어떤가? 조그마한 일로 마음이 불편하면 그대로 아이에게 전달할 때가 많다.

잘 생각해보면 우리 아이는 백화점이나 은행의 고객에 견줄 수 없을 정도로 최고의 VIP 고객이다. 반짝 세일 동안에만 일시적으로 충동 구매하는 손님과는 질적으로 다르다. 일평생 부모에게 가장 큰 기쁨과 행복을 줄 수도 있고, 고통을 줄 수도 있는 떼려야 뗄 수 없는 관계이기 때문이다.

백화점 손님 중에 까다로운 고객은 끊임없이 불만을 토로하고 만족할 때까지 고객만족서비스센터에 자신의 요구사항을 전달한다. 그럼에도 백화점 직원은 고객이 만족할 때까지 최선을 다한다. 또 VIP 고객 한 명 한 명의 소비 성향이나 관심 분야, 연간 사용 금액, 심지어는 생일이나 결혼기념일을 잊지 않고 챙긴다. 경쟁사에 고객을 빼앗기지 않으려고 온갖 방법을 동원해 마케팅에 힘을 기울인다. VIP 고객은 회사의 생존과 관련이 있을 만큼 중요하기 때문이다.

"너희는 부모 말을 잘 들어야 돼."

"다 너희들 잘되라고 하는 소리야."

"시키지 않아도 일찍 일어나서 씻고 학교 갈 준비할 수는 없니?"

"너는 노란색이 어울리니 이 옷을 입자."

"게임 좀 그만해라."

고객인 아이의 입장은 무시하고 언제나 부모 생각대로 다그치지 않았는지 돌아보라. 아이를 고객으로 생각하기는커녕 시키는 대로 수행해야 하는 하인 취급을 하지 않았나 하고 말이다.

아이를 부모가 운영하는 기업의 핵심 고객이라고 여긴다면 아이에게 최상의 서비스를 제공하고 있는지, 고객인 아이가 얼마나 만족하는지 고객만족서비스의 관점에서 관찰해보자.

아이의 개성과 취미, 강점과 약점, 학업과 친구 관계, 진로 등 아이에 대해 알아야 할 것도 많다. 요즘 부쩍 관심이 많아진 외모와 좋아하는 연예인, 그리고 즐겨 하는 게임까지도 파악해야 한다. 아이는 사춘기가 될수록 해석하기 어려운 비밀지도, 풀어야 할 수수께끼와 같은 존재가 되어 그 비밀을 푸는 작업이 만만치 않게 된다. 갈수록 부모 노릇하기가 버거워지고 있다.

그런데 아이에 대해 다 안다고 해도 아이에게 진정한 만족감을 줄 수는 없다. 어떻게 하면 가장 좋은 서비스를 자녀에게 제공할 수 있을까, 이것이 늘 모든 부모의 최대 관심사요 숙제가 아닐 수 없다.

그 어떤 VIP 고객과도 견줄 수 없는 소중한 아이들을 그동안 너무 소홀히 여기지 않았는지 뒤돌아보라. 고객의 목소리와 의견을 듣지 않는 회사는 고객의 마음을 얻을 수 없고 그러면 고객은 다른 곳으로 발걸음을 돌린다. 아이가 부모의 간섭과 잔소리가 싫어서 친구들과 거리를 배회한다면 이미 부모에게서 마음이 떠난 것이다. 부모는 VIP 고객인 아이를 사랑하고 이해하며, 아이는 부모를 가장 편안하게 여기고 믿고 따르는 가정이 되어야 한다.

자녀를 학대하거나 방치하는 일들이 종종 뉴스에 나올 때마다 참으로 안타깝다. 아이는 '미래의 새싹'이다. 아이들이 건강하지 못하게 자란다면 이 나라의 미래는 암울하다. 아이가 행복한 나라, 행복한 가정이 되어야 한다. 아이는 부모가 끝까지 관리하고 지원을 아끼지 않아야 하는 VIP 고객임을 잊지 말자.

최고의 VIP 고객, 우리 아이 키우기

첫째, 아이의 특성, 성격, 재능 등을 관심 있게 눈여겨보라

어릴 때 재능을 발견하고 키워주면 특별한 아이로 성장한다. 그렇기 때문에 부모는 자녀 개개인이 어떠한 욕구를 가지고 있는지 잘 살펴야 한다. 부모가 아이들 각각의 개성, 장점과 강점을 무시한 채 오직 한 방향으로만 몰아간다면 부모와 아이 모두 스트레스를 받게 된다. 이는 부모와 아이 사이에 갈등이 생기는 중요한 원인이 된다.

둘째, 생일, 입학식, 종업식, 졸업식에는 이벤트를 열어 축하해주자

백화점에서 VIP 고객의 각종 기념일을 챙기듯이 아이의 기념일을 최고의 축제로 만들어주자. 비싼 선물이나 화려한 이벤트보다는 본인이 얼마나 사랑 받고 있는지, 부모가 얼마나 대견하게 생각하는지를 느끼도록 해주어라. 사랑 받는 아이는 마음이 넉넉해지고 그 사랑을 실천하게 된다.

셋째, 아이를 있는 그대로 인정하자

VIP 고객은 그 사람이 어떤 환경에서 무슨 일을 하든 인정해주어야 하듯 아이도 있는 그대로 받아주고 존중할 때 자존감이 자란다.

아이가 행복한 가정이
명품 가정이다

네가 어떤 모습이든지 사랑한다. 그리고 너를 믿는다. 네가 훌륭한 사람이
되리라 확신하다. 넌 한 번도 이 엄마의 기대와 꿈을 저버린 적이 없단다.
난 그런 네가 정말 자랑스럽단다. 널 얼마나 사랑하는지 모를 거다. 넌 이
엄마의 힘이자 위안이란다.

이 글은 미국 36대 대통령 린든 B. 존슨의 어머니가 아들에게 쓴
편지의 일부다.

"난 이제 인간이 배워야 할 건 다 배웠어요. 더는 공부하지 않겠어요. 그만하면 충분하니까요."

고등학교를 졸업하고 엄마의 간곡한 만류에도 집을 나가 나쁜 친구들과 술을 마시고 어울리며 사고를 치던 아들이 지친 모습으로 돌아왔다. 어려운 가정 형편이지만 아들을 꼭 대학에 보내겠다고 다짐한 어머니는 아들이 수학을 공부하면 옆에 앉아 같이 문제를 풀면서 수많은 밤을 아이와 함께했다. 그가 간신히 텍사스 주립대학에 합격하고 대학에서 공부하고 있을 때, 어머니의 뜨거운 사랑이 담긴 진심 어린 한 통의 편지를 받았다. 어머니의 이 편지는 존슨이 힘들고 어려울 때마다 큰 위로가 되었다고 한다.

초보 엄마 시절 나는 아이가 공부 잘하고 성공해야 부모도 행복해진다고 믿었다. 내가 행복해지기 위해 아이를 볼모로 잡고 "공부해라!", "책 읽어라!"라고 잔소리를 입에 달고 살았다. 늦둥이로 태어난 막내를 키울 때는 조금이나마 여유가 생겨 그나마 다행이었다. 두 아이를 키우면서 여러 시행착오를 거쳤고 교육에 관한 책, 연수 등을 통해 엄마로서의 모습을 갖추려고 애를 썼기 때문이다.

몇 년 전, 〈조선일보〉에 실린 '세계의 명품 공방을 가다―루이비통편'을 봤다. 루이비통 가방 하나를 만들기 위해서는 얼마나 세심한 작업들이 필요한지 알고 놀랍기만 했다. 재봉틀에 가죽을 밀어넣어 '드르륵' 박는 게 아니라 발로 재봉틀을 한 번씩 밟아가며 한 땀 한 땀 박아 나갔다. 바느질 한 땀이 정확하게 2밀리미터 간격이라니 그 섬세함에 감탄사가 절로 나왔다.

40년 경력의 가죽 매니저는 만져보기만 해도 젖소인지 식용인지, 스트레스 정도는 어떠했는지 구분할 수 있다고 한다. 지퍼의 홈질을 살펴보기 위해 5,000번 이상 지퍼를 열었다 닫았다 시험하고 견고성을 확인하기 위해 가방을 3~4킬로그램짜리 돌멩이로 채운 뒤 일주일간 내동댕이치는 작업도 한다. 이어 가방 생산 총괄 디렉터는 "사람의 이동을 편리하게 도와주는 가방의 본질을 잘 살리면서, 만드는 사람도 쓰는 사람도 편안하게 해주는 것이 루이비통의 철학"이라고 말했다.

루이비통은 명품 가방을 만들기 위해 수많은 장인이 가죽을 다듬고 불량률을 줄이는 작업에 공을 들이고 있다. 한 땀 한 땀 온 힘을 다해 땀을 흘려가며 전 공정에 정성을 쏟아 비로소 명품 가방 루이비통을 완성한다.

그렇다면 아이가 행복한 명품 가정을 만드는 데는 루이비통 가방보다 더 많은 공과 노력을 기울여야 하지 않을까? 엄마로서 아무런 준비도 하지 않고 친정 부모에게 물려받은 익숙한 교육 방식을 여과 없이 그대로 되풀이하고 있지는 않은가. 무심코 한 말이 아이에게 상처가 되고 자존감을 낮추며 스트레스를 주지는 않았는지 분별하는 지혜도 필요하다.

"너 잘되라고 하는 말이다"라고 하면서 아이 핑계를 대지만 사실은 엄마의 욕심을 그럴 듯하게 포장하는 말이다. 내 아이를 진정으로 사랑한다면 부모의 욕심에만 맞추기보다 아이의 재능과 성장 속도를 눈여겨보아야 한다. 아이의 잠재력을 발견하고 창의성의 꽃을 피우게 하는 부모는 행복한 부모이다. 루이비통 장인들이 불량품을 줄이기 위해 공을 들이듯 아이가 부모와의 갈등을 못 견디고 뛰쳐나가지 않도록 사랑의 수고가 넘쳐나야 한다. 루이비통 가방 공방에도 철학이 있듯이 부모에게도 철학이 있어야 명품 자녀를 만들 수 있다.

얼마 전 《카네기 자서전》을 읽고 큰 감명을 받았다. 카네기 집안이야말로 명품 가정으로 부모의 철학은 평범했지만 명품 카네기를 만들기에 충분했다. 카네기의 부모가 어려움 속에서도 일관되게 가르쳐온 철학이 있었다.

"세상에는 우리가 할 수 있는 일들이 많다. 우리는 쓸모 있는, 그리고 세상 사람들로부터 존경을 받을 수 있는 사람이 되어야 한다. 그러기 위해서는 항상 정직한 일을 해야 한다."

회사를 잘 운영하려면 구성원이 경영자의 철학을 함께 공유하는 것이 중요하듯이 가정도 마찬가지이다. 부모와 아이가 같은 철학을 가진 가정은 풍랑이 불어도 균형을 맞추며 항해하는 배처럼 안전하고 행복하다. 아이가 행복한 가정이 명품 가정이다.

꿈이 있는 부모가
아이를 행복하게 한다

내가 어릴 때 친정 엄마에게 가장 많이 들은 말이 있다.

"내가 너희들 때문에 꾹 참고 산다."

"내가 너희들만 아니었으면 진작 팔자를 고쳤을 거다."

그런데 나는 자식을 위해 참고 사는 엄마가 너무 고마웠을까? 물론 감사한 마음도 많았지만, 엄마의 삶에 대한 안쓰러움과 원망도 깊어졌다. 한편 아버지가 수중에 돈이 떨어져 구들장이 꺼져라 한숨을 푹푹 쉬면 나는 어쩐지 불행의 나락으로 한없이 꺼지는 느낌을 받곤했다. 유년기에 세상을 바라보는 창문, 즉 부모가 언제나 그늘이고 어둠이었기에 내 어린 날은 늘 쓸쓸하고 불행했다.

이런 역기능 가정에서 자란 나에게 학교는 그나마 마지막 남은 보루이자 자존감을 지켜주는 곳이었다. 선생님이나 주위 사람들은 "쟤는 어쩜 저렇게 공부를 잘할까?"라며 칭찬했고, 친구들도 나를 부러워했다. 그런 나는 결국 교사가 되었고, 가정을 이루어 엄마가 되었다.

나는 결혼하면 저절로 행복해지리라 생각했다. 또 누구보다도 행복한 가정을 이루리라고 다짐했다. 그러나 이는 한낱 착각에 불과했다. 자신을 소중하게 생각하지 않거나 사랑하지 않는 사람은 남을 사랑하기 힘들다. 사랑 받은 사람이 남을 사랑할 수 있고 행복한 사람이 행복한 가정을 만들 수 있다.

아이를 키우면서 행복과 보람을 느끼는 부모는 저절로 만들어지는 것이 아니다. 부모의 삶은 꽃가루가 뿌려진 비단길이 아니라 가시밭길을 걸어가는 것과 같다. 나도 남편, 세 아이와 더불어 이 가시밭길을 헤쳐왔다. 꼬물꼬물 품 안에서 젖을 먹던 아이를 보며 행복을 느끼다가도 해도 해도 끝없는 육아의 바닷속에서 허우적대며 화를 내기도 했다.

하지만 나는 부모 노릇을 하면서도 한편으로 결코 내 성장을 위한 도전을 멈추지 않았다. 성장 속도와 개성이 다른 세 아이가 자신의 길을 가도록 뒤에서 지지와 격려를 아끼지 않았지만 아이 때문에 엄마의 꿈을 포기하거나 희생하지 않았다. 아이에게 아이의 삶이 있듯이, 부모에게도 부모의 삶이 있다고 생각했기 때문이다.

우리가 부모인 지금 상황과 우리의 부모 세대에 있어 부모 자식 간의 관계와 가치에는 많은 차이가 생겼다. 우리 부모 세대는 자식을 위해 희생하고 그에 대한 대가로 노후를 자식에게 기대는 삶이 최선이었는지 모른다. 자식이 아니면 노후를 대비할 어떤 사회적인 장치도 없었기 때문이다.

하지만 지금 상황은 다르다. 수명이 길어져 100세 시대가 눈앞에 다다랐다. 이제 '은퇴 후 40년 살아가는 법'이라는 말이 어색하지 않게 되었다. 40년 긴 시간을 마냥 자식에게 기댈 수는 없다. 더구나 흔쾌히 부모의 노후를 받쳐주겠다고 할 자녀가 몇 명이나 되겠는가? 이것이 부인할 수 없는 현실임을 하루라도 빨리 인정해야 한다.

자녀는 때가 되면 부모의 둥지를 벗어난다. 그런데 자녀가 둥지를 떠난 후 느끼는 '빈 둥지 증후군'이라는 반갑지 않은 중년 우울증에 빠지지 않으려면 일찍이 마음의 준비가 필요하다. 부모가 모든 것을 내어주어 정작 자신은 아이를 다 떠나보낸 후 쓸쓸한 둥지에서 외로이 지내서는 안 된다는 말이다.

"내가 너희들에게 모든 것을 바쳤는데……."

이렇게 한탄한들 이미 늦는다. 아이를 키우면서도 늘 나만의 인생 계획을 세워야 한다. 부모가 된다는 것은 자신의 한계를 뛰어넘어 더욱 풍요로운 인생으로의 도약을 뜻한다. 가정이라는 울타리 안에서 자기 자신을 잃지 않고 꿈을 포기하지 않아야 부모도, 아이도 모두 행복한 인생을 살 수 있다.

전 미 국무장관인 매들린 올브라이트, 그녀는 인생의 중반이 되어서야 빛을 보기 시작했다. 그는 힐러리 클린턴 등을 키워낸 미 명문 웰즐리 대학교에서 정치학을 전공했고, 졸업식 사흘 후 결혼한 뒤론 가정주부로 살면서 세 딸을 키웠다. 그러나 그녀는 공부를 게을리하지 않았다. 그녀가 국제관계학으로 박사 학위를 따는 데는 무려 13년이나 걸렸다. 하지만 미국 역사상 최초의 여성 국무장관이 되었다. 올브라이트가 인생 2막을 펼칠 수 있었던 힘은 세 아이를 양육하면서도 미래 계획을 소홀히 하지 않았던 데서 비롯되었다.

이적의 어머니로 더 잘 알려진 《믿는 만큼 자라나는 아이들》의 저자 박혜란. 그는 취업주부 4년, 전업주부 10년, 파트타임 주부 30년, 명랑 할머니 7년 경력의 여성학자이다. 〈동아일보〉에서 기자 생활을 하다가 둘째아이가 태어나면서 이후 10년간 육아에 전념했다. 막내가 초등학교에 들어간 서른아홉 나이에 대학원에 진학하면서 여성학자 박혜란으로 거듭났다. 아이를 키우면서도 자신의 꿈을 접지 않았고, 고3 아들을 두고 1년간 중국 초빙교수로 떠나기도 했다. 박혜란은 자식은 엄마의 분신이 아니라고 했다. 또 모든 것을 올인하고 늘 불안해하지 말고 자신의 꿈을 키우면서 아이들이 커가는 모습을 그저 따뜻한 눈으로 바라보라고 한 그의 말에 나는 무척이나 공감한다.

자신의 꿈을 키우는 것은 누구에게나 행복한 일이다. 꿈을 잉태하고 물을 주고 가꾸는 동안 최고로 행복한 사람이 된다. 아이를 키우기 위해 자신의 꿈을 포기하는 것이 아니라 부모 자신의 꿈을 먼저 보듬어라. 부모가 행복해야 아이도 행복하다.